PONTS ET CHAUSSÉES.

DÉPARTEMENT DE MAINE ET LOIRE.

SERVICE SPÉCIAL DE LA LOIRE.

OBSERVATIONS présentées par l'Entrepreneur des digues de Savennières, à l'appui du Décompte de ses travaux, et en réponse aux rapports de MM. les Ingénieurs.

Igné . Tardif . Devaux

OBSERVATIONS.

Angers, Imp. de Cornilleau et Maige.

A Monsieur le Préfet de Maine et Loire.

Monsieur le Préfet,

En conséquence de l'invitation que vous m'avez fait l'honneur de m'adresser le 31 mai dernier, je me suis présenté, il y a quelque temps déjà, dans vos bureaux des travaux publics, et j'ai pris connaissance du décompte définitif de mon entreprise (atelier des digues de Savennières), au 31 juillet 1840, décompte dressé par MM. les ingénieurs du service spécial de la Loire.

Avant de répondre aux observations contenues dans les deux rapports que ces Messieurs ont cru devoir vous adresser à l'appui de leur décompte précité, avant aussi de chercher à éclairer votre justice sur les réclamations qu'il me reste encore aujourd'hui à soumettre à vos lumières et à votre décision, j'ai eu besoin, Monsieur le Préfet, d'entrer dans l'historique de mon entreprise, de mettre à votre connaissance des faits et des incidents survenus au cours des travaux; faits, par suite desquels je me trouve contraint, aujourd'hui, d'appeler près de votre tribunal, *en mon nom*, et de défendre près de vous, des intérêts qui n'auraient pas dû être *les miens personnels*. J'ai eu besoin de vous exposer aussi comment je me trouve dans une position tout exceptionnelle, même et surtout en ce qui se rattache aux travaux exécutés par suite de la régie organisée à mes frais, en vertu de votre arrêté du 16 juillet 1838.

J'ai divisé mon travail en trois parties.

La première comprend, avec quelques observations très abrégées, l'indication sommaire, par ordre de dates, des faits les plus saillants qui se rattachent à mon entreprise, depuis le 28 septembre 1855, époque de l'adjudication, jusqu'au 16 juillet 1858, époque de la mise en régie.

La seconde partie comprend l'indication des faits survenus depuis ce moment jusqu'au 31 mai dernier, époque à laquelle, Monsieur le Préfet, j'ai reçu votre dernière lettre.

La troisième partie, enfin, comprend les observations que je me trouve obligé de vous soumettre, tant pour répondre aux rapports de MM. les ingénieurs, que pour vous démontrer combien j'étais dans mon droit quand, le 16 juillet 1858, j'ai protesté contre le dispositif de votre arrêté qui ordonnait l'organisation d'une régie à mes frais. Cette partie comprend, en outre, le résumé succinct de cette affaire, et mes conclusions relatives aux points contentieux sur lesquels vous allez avoir à prononcer.

J'ai été bref, le plus qu'il m'a été possible, dans cette longue affaire, Monsieur le Préfet, afin de ne pas fatiguer votre attention, comme aussi dans la crainte qu'en me voyant entrer aujourd'hui dans tous les détails relatifs aux difficultés qui ont existé, au commencement de mon entreprise, entre M. l'ingénieur de l'arrondissement du nord et moi, on ne vînt à penser que ce serait par pur plaisir et de gaîté de cœur que je reviendrais sur ces détails, ou encore que je ne rappelerais des difficultés que dans le but de vous apprendre qu'il m'en a été fait justice, en grande partie, par M. l'ingénieur en chef, et que, sur toutes celles *qui lui ont été soumises, toutes*, ont été jugées en ma faveur.

Dans tous les cas, ce serait mal interpréter ma pensée, car, si je suis revenu aujourd'hui sur le passé, si j'ai rappelé des faits qui s'y reportent, c'est que j'y ai été contraint, dans toute l'acception du mot, par la nécessité où je me trouve placé, de motiver nettement les plaintes que je vous ai adressées dans mes lettres des 13 mai et 16 juillet 1858. Je m'empresse d'ailleurs de vous le dire, Monsieur le Préfet, si j'ai eu à me plaindre des difficultés soulevées au cours de mes travaux en 1856 et 1857, et notamment au commencement de 1858, par M. l'ingénieur de l'arrondissement du nord ; si j'ai cru avoir le droit d'accuser quelquefois *ses dispositions, sa volonté*, du moins, je me fais un devoir de vous le dire, jamais je n'ai douté un seul instant de sa bonne foi ; j'ai toujours pensé qu'il reviendrait tôt ou tard à des sentiments de justice, et que, lors du règlement définitif de mes travaux, il ferait droit à toutes mes demandes.

Pour témoigner de ma confiance, que ne m'a-t-il été possible de continuer, *quand même*, tous mes travaux, et d'attendre jusqu'à ce moment pour faire entendre ma première réclamation !

PREMIÈRE PARTIE.

28 juin 1855. — Ce jour, je soumissionnai les travaux restant à faire aux digues de Savennières et je fus déclaré adjudicataire.

28 juin 1855. — Ce même jour, je fis une déclaration constatant que ce n'était que par complaisance et par suite de l'intérêt que je portais aux sieurs Pellé et Bouvet que j'avais consenti : 1° à faire en mon nom la soumission précitée ; 2° à porter dans cette soumission un rabais de 17 centimes 1/2 par franc, rabais que les sieurs Pellé et Bouvet avaient eux-mêmes déterminé. Cette déclaration avait pour but de constater, en outre, que les travaux dont je venais d'être adjudicataire ne demeuraient ni à mes risques ni à mes bénéfices. La lecture de cet acte, dont je mets la copie sous vos yeux, pièce n° 1, vous démontrera, Monsieur le Préfet, les dispositions que j'avais cru devoir établir pour obliger les entrepreneurs auxquels je servais de prête-nom à exécuter, *quand même*, bien et dûment, toutes les conditions de leur marché. Cet acte, que je rédigeai immédiatement après l'adjudication, fut remis, quelques jours après, entre les mains de M. Rousseau, notaire à Chalonnes, qui le conserva, à titre de dépôt, jusqu'au 25 juin 1857, époque à laquelle je fus contraint de prendre les travaux à mon propre compte, pour les motifs que je ne tarderai pas à faire connaître.

20 novembre 1855. — Ce jour, M. l'ingénieur en chef m'écrivit pour me donner avis de l'approbation de l'adjudication par M. le directeur général, et me prévenir que je recevrais sans délai l'état indicatif des travaux à faire dans la campagne.

30 novembre 1855. — Ce jour, M. Delannoi, alors ingénieur de l'arrondissement du nord, m'écrivit de placer des ouvriers dans les carrières, et me prévint que j'aurais à commencer mes approvisionnements *par la lacune de la Jamétrie*.

5 décembre 1855. — Ce jour, M. l'ingénieur en chef m'autorisa à commencer le transport des matériaux, ajoutant, qu'à défaut d'état indicatif, sa lettre et celle de M. Delannoi pourraient être considérées comme des ordres par écrit (art. 7 des conditions générales).

9 décembre 1855. — Ce jour, enfin, M. Delannoi, après avoir visité les levées de Savennières, me donna sur l'atelier même de la Jamétrie

— 4 —

les ordres rapportés dans son état indicatif, dont la copie est ci-jointe, pièce n° 2.

10 décembre 1855. — Ce jour, je fis commencer les travaux ordonnés. Les premiers approvisionnements furent portés à la Jamétrie, et le moellon fut emmétré sur les chantiers, notamment, dans la partie indiquée par une série de numéros, de 1 à 41, sur le plan ci-joint, pièce n° 25, plan sur lequel, Monsieur le Préfet, j'aurai l'honneur d'appeler, un peu plus tard, votre attention.

28 avril 1856. — Ce jour, M. l'ingénieur en chef m'écrivit pour m'annoncer l'avance de trente mille francs faite par Mme de Serrant et M. Moriceau, à la condition que l'on ferait dans la campagne la lacune de la Jamétrie, puis, pour me prévenir que M. Duffaud me remettrait *incessamment* un état indicatif.

M. Duffaud, Monsieur le Préfet, venait de remplacer dans l'arrondissement du nord M. Delannoi qui, lui-même, venait de quitter le département.

20 juin 1856. — Ce jour, quoique je n'eusse point encore d'état indicatif, mais fort de la lettre de M. l'ingénieur en chef, qui d'ailleurs portait le plus grand intérêt à l'avancement des travaux, je commençai, au moyen d'emprunts faits dans le pâtis *Sau-lai-Courtin*, pâtis désigné, les remblais de la lacune de la Jamétrie, et je commençai, d'accord en cela avec M. l'ingénieur en chef, par la partie qui devait protéger, avant tout, les propriétés de Mme de Serrant et de M. Moriceau.

2 juillet 1856. — Ce jour, M. Duffaud me remit les profils du terrain naturel de la lacune de la Jamétrie, ajoutant que le nivellement serait calculé plus tard, et me prévint que les remblais seraient ordonnés à la cote du niveau de la levée de Serrant, près la boire de la Jamétrie.

Les modifications que M. Duffaud apporta dans le tracé de la courbe de la Jamétrie, modifications qui devaient me forcer de déplacer toute la pierre approvisionnée, pour mettre en remblais, dans la levée, la terre des chantiers (ce qui ne devait pas avoir lieu, d'après la cote des talus du premier nivellement), m'obligèrent à lui demander un sous détail supplémentaire pour ce déplacement.

26 août 1856. — Ce jour, M. Duffaud m'écrivit pour se plaindre de la négligence avec laquelle les travaux lui avaient paru conduits,

et me prévenir qu'il venait de solliciter contre moi un arrêté de mise en demeure, pièce nº 3.

27 août 1856. — Ce jour, j'adressai à M. Duffaud la lettre ci-jointe, pièce
nº 4, pour protester contre son inculpation de négligence
et lui exposer combien j'avais besoin d'un état indicatif pour
établir mes réserves au sujet des travaux qu'il m'avait dit
devoir être exécutés à la Jamétrie, travaux consistant,
comme je l'ai dit plus haut, dans le déplacement des matériaux et l'emploi en remblais des terres des chantiers.

3 septembre 1856. — Ce jour, j'ai écrit à M. l'ingénieur en chef pour le prévenir que je n'avais *point encore* reçu d'état indicatif, et que
je le priais de recevoir mes réserves au sujet des travaux
que j'allais exécuter, *et pour lesquels je pourrais avoir plus
tard des réclamations à lui adresser.*

4 septembre 1856. — Ce jour, j'ai remis à M. l'ingénieur en chef un état d'avancement des travaux, pour me justifier près de lui des incul-
pations de lenteur exprimées par M. Duffaud, en prouvant
que j'avais dépensé jusqu'à ce jour, *sans ordre par écrit*,
sans état indicatif, 41,964 fr. 50 c., et qu'il m'était dû
22,549 fr. 08 c., quand on venait de provoquer près de lui,
contre moi, un arrêté de mise en demeure.

5 septembre 1856. — Ce jour enfin, j'ai reçu de M. Duffaud l'état indicatif qu'il
avait dressé pour 1856. En marge de cet état est portée
l'observation suivante : « Le perré reposera sur un mètre
d'épaisseur de terre des *Froux de Saint Germain ou des
chantiers.* »

17 octobre 1856. — J'ai prévenu ce jour M. Duffaud qu'on employait en défense, contre les grandes eaux qui venaient de suspendre
mes travaux, la pierre approvisionnée pour le perré, à la
Jamétrie, et que je faisais tenir attachement des journées
qu'on employait en travail. Je l'ai prié de dresser, vu le cas
de force majeure, un état d'avancement de tous les travaux
exécutés, et lui ai dit qu'il était impossible que je restasse
plus longtemps sans les sous-détails supplémentaires que
j'avais demandés.

Nous possédons, enregistré *textuellement*, l'entretien que
nous eûmes avec M. Duffaud, le 17 octobre précité.

26 octobre 1856. — Ce jour, M. Duffaud m'écrivit d'Ingrandes, pour me re-
procher de n'avoir pas suivi le tracé fait par lui de la courbe
de la Jamétrie, et me prévenir que les conséquences de l'erreur qu'il me signalait resteraient à ma charge, pièce nº 5.

30 octobre 1856. — Ce jour, je fis à M. Duffaud la réponse ci-jointe, pièce nᵒ 6, sur laquelle, Monsieur le Préfet, j'ose appeler un instant votre attention. Cette lettre contient la demande plusieurs fois réitérée déjà, d'un état exact de la situation des travaux, et la désignation des sous-détails supplémentaires tant de fois déjà, aussi, sollicités.

18 avril 1857. — Ce jour, je me suis présenté chez M. Duffaud, mais je n'ai pu m'entendre avec lui sur la composition des sous-détails supplémentaires.

19 avril 1857. — Ce jour, enfin, M. Duffaud adressa à M. l'ingénieur en chef une série d'observations pour motiver les sous-détails supplémentaires qu'il proposait de m'accorder, et repousser ceux que j'avais demandés. Dans ce rapport, M. Duffaud dit : « *Nous proposons de tenir compte du transport de la cendre* » *de chaux au prix du transport du moellon.* »

24 avril 1857. — Ce jour, j'ai écrit à M. Duffaud pour lui demander : 1ᵒ un état d'avancement des travaux, lui faisant observer qu'il m'était dû de 24 à 25 mille francs ; 2ᵒ des ordres pour la reprise des travaux à la Jamétrie, et la présence d'un conducteur. Copie de ma lettre est ci-jointe, pièce nᵒ 7.

J'avais demandé, Monsieur le Préfet, la présence d'un conducteur, parce que je pensais qu'il devait être tenu attachement des journées employées au déplacement des moellons qui avaient été mis en défense lors des grandes eaux, en 1856, sur les talus préparés pour recevoir les perrés.

20 juin 1857. — Ce jour, M. Duffaud me donna l'ordre de reprendre les travaux à la Jamétrie.

25 juin 1857. — Ce jour, M. Duffaud voyant que je demeurais dans l'attente, m'écrivit : « *Je sais qu'il y a décision à prendre sur* » *quelques prix dont vous demandez l'augmentation, mais que* » *ce retard ne vous empêche pas de marcher : songez donc que* » *votre demande se réglera après, comme avant l'exécution des* » *ouvrages, et persuadez-vous bien, que l'administration ne veut* » *pas et ne peut pas vouloir vous refuser ce qui vous est dû ; hâ-* » *tez-vous donc de monter vos perrés et d'achever vos terrasse-* » *ments.* » Puis M. Duffaud termina sa lettre en me disant qu'il ne m'était rien dû.

25 juillet 1855. — Ce jour, je fus forcé de prendre à mon compte la continuation des travaux, M. Duffaud ayant refusé de nous délivrer des fonds, et les sieurs Pellé et Bouvet ne pouvant plus

faire d'avances. M. Pellé venait de verser une somme considérable pour ses intérêts dans les mines de Chaudfonds, et conjointement avec M. Bouvet, il venait de perdre un somme considérable aussi sur la route de Sainte-Christine, dont ils avaient l'entreprise.

28 juin 1857. — Je soumis à M. l'ingénieur en chef mes observations relatives aux sous-détails supplémentaires, en réponse à celles que lui avait adressées M. Duffaud, le 19 avril précédent.

4 juillet 1857. — Ce jour, M. Duffaud dressa, sur la demande de M. l'ingénieur en chef, qui me le communiqua, un état de situation des travaux, au 4 juin précédent : cet état montant à 50,107 fr. 66 c., fut repoussé par moi comme comportant beaucoup d'erreurs que je signalai, et n'atteignant pas le chiffre de la dépense.

15 juillet 1657. — Ce jour, M. l'ingénieur en chef m'adressa, approuvée par vous, Monsieur le Préfet, la série des sous-détails supplémentaires que j'avais demandés.

Un simple coup-d'œil jetté, sur la pièce ci-jointe, n° 9, sur laquelle se trouvent en regard les prix accordés par M. Duffaud avec ceux que nous avons demandés, puis ceux qui, sur la proposition de M. l'ingénieur en chef, nous ont été accordés par vous, suffira, j'ose l'espérer, Monsieur le Préfet, pour vous convaincre de la justesse de nos réclamations, et vous faire comprendre combien il était important pour nous, vu l'augmentation des prix, et en égard aux travaux exécutés depuis 1856, que la remise de ces sous-détails ne fût plus différée.

16 juillet 1857. — Ce jour, M. l'ingénieur en chef m'a écrit pour me prévenir que M. Duffaud se plaignait de la lenteur avec laquelle marchaient les travaux, et venait de solliciter un arrêté de mise en demeure.

18 juillet 1857. — Ce jour, j'ai écrit à M. Duffaud pour lui demander des instructions relatives à divers travaux, et notamment à l'emploi de la cendre de chaux pour le pavage, et quelles étaient les rampes à paver.

19 juillet 1857. — Ce jour, M. Duffaud m'a répondu qu'en ce qui concernait le pavage des rampes, ce travail serait ordonné plus tard ; puis, il s'est encore plaint de la lenteur avec laquelle marchaient mes travaux, et m'a annoncé qu'il venait de solliciter un arrêté de mise en demeure.

20 juillet 1857 — Ce jour j'ai mis sous les yeux de M. l'ingénieur en chef

un état de situation, dressé en trois parties, pour lui prouver combien étaient peu fondées les plaintes de M. Duffaud, et sa demande d'un arrêté de mise en demeure.

2 août 1857. — Ce jour, j'ai écrit à M. l'ingénieur en chef pour le prévenir que je n'avais pu signer, pour acceptation, le décompte de fin d'année *pour 1856*, que m'avait communiqué M. Duffaud. Ci-joint copie de ma lettre à M. Prus et de celle à M. Duffaud, pièce n° 10 et 11.

22 août 1857. — Ce jour, seulement, M. Duffaud m'a ordonné de placer un mètre cube de terre de la vallée sous le perré, et de prendre mes remblais dans les propriétés longeant la levée, à 20 ou 50 mètres du pied des talus.

25 août 1855. — Ce jour, j'ai écrit de Nantes à M. l'ingénieur en chef, pour le prévenir que je venais d'embaucher vingt-cinq à trente maçons, dont quinze partaient immédiatement pour Montjean et la Jamétrie.

29 août 1857. — Ce jour, Monsieur le Préfet, vous avez pris l'arrêté de mise en demeure qu'avait demandé M. Duffaud, et, ce même jour, dans la visite des travaux qu'il fit, M. Duffaud, par des exigeances *plus que rigoureuses*, fit partir de la Jamétrie douze des meilleurs maçons que j'avais été chercher à Nantes.

4 octobre 1857. — Dans son rapport de ce jour, adressé à M. l'ingénieur en chef, M. Duffaud dit : « *Le prix du transport de la cendre de chaux devra être, sans doute, moindre que le prix du transport du moellon.*

21 octobre 1857. — Ce jour, M. Dufaux m'a écrit pour m'inviter à faire commencer le perré de la boire aux Donneaux.

5 novembre 1857. — Ce jour, M. Duffaud m'a écrit de continuer les approvisionnements *de moellons à la Jamétrie* et d'activer les travaux de la boire aux Donneaux.

29 novembre 1857. — Ce jour, j'ai eu l'honneur de vous écrire, Monsieur le Préfet, pour vous prévenir que l'état des carrières nécessitait une prompte visite de MM. les ingénieurs, et vous prier de vouloir l'ordonner : puis je vous ai demandé une indemnité pour les pertes que j'avais éprouvées dans ces carrières, ainsi que pour celles que j'éprouverais par suite, vu leurs mauvaises productions. Copie de ma lettre est ci-jointe, n° 12.

10 décembre 1857. — Ce jour, M. l'ingénieur en chef m'a écrit qu'il visiterait les carrières de la Grande-Roche le 14 du même mois.

15 décembre 1857. — Ce jour, M. Duffaud m'a ordonné *de suspendre les approvi- sionnements de moellons à la Jamétrie.*

27 février 1858. — Ce jour, vous m'avez fait l'honneur de m'écrire, Monsieur le Préfet, pour m'inviter à aller prendre connaissance dans vos bureaux, des rapports faits par MM. Prus et Duffaud, re- lativement à mes réclamations d'indemnité pour les carrières. Copie du rapport de M. l'ingénieur en chef, n° 13.

2 mai 1858. — Ce jour, M. Duffaud m'a écrit pour me défendre de conti- nuer de faire des enrochements à la boire aux Donneaux et me prévenir que je m'étais exposé à ce que les matériaux ne me fussent pas payés.

5 mai 1858. — Ce jour, j'ai écrit à M. Duffaud pour justifier l'exécution de mes enrochements.

12 mai 1858. — M. Duffaud m'a écrit, ce jour, pour se plaindre de ce que j'avais approvisionné du moellon à la Jamétrie, et me pré- venir qu'il n'en tiendrait pas compte.

13 mai 1858. — Ce jour, j'ai écrit à M. Duffaud pour justifier mes travaux d'approvisionnement et le prévenir que, fatigué de toutes les difficultés dont j'avais été harcelé pendant les dernières campagnes, je venais de demander que les travaux fussent continués en régie.

13 mai 1858. — Ce fut ce jour, Monsieur le Préfet, qu'après vous avoir fait connaître les motifs qui m'avaient forcé de suspendre mes travaux le 12, je vous adressai la prière de vouloir bien les faire continuer en régie, *aux frais de l'état.* Ci-joint copie de ma lettre, pièce n° 14.

25 mai 1858. — Ce jour, j'ai écrit à M. l'Ingénieur en chef pour lui pro- poser de placer les ouvriers dont les travaux venaient d'être suspendus par les grandes eaux, à commencer la découverte indispensable pour l'exploitation de la carrière de la Grande- Roche.

6 juin 1858. — Ce jour M. l'ingénieur en chef m'a répondu qu'il adoptait la proposition que je lui avais faite le 25 mai, et m'a invité à opérer immédiatement le placement des ouvriers dans la carrière.

11 juin 1858. — J'ai écrit, ce jour, à M. l'ingénieur en chef pour lui annoncer que le placement des ouvriers avait eu lieu le 6 du même mois.

11 juillet 1858. — Ce jour, Monsieur le Préfet, j'ai reçu la notification de votre arrêté du 25 juin 1858, en vertu duquel j'étais mis en

demeure de reprendre mes travaux dans un délai de six jours, à peine de les voir continuer en régie à mes frais.

16 juillet 1858. — Ce jour, j'ai protesté contre le dispositif de votre arrêté, Monsieur le Préfet; je vous ai prié de recevoir mes réserves au sujet d'une demande en résiliation ou en indemnité pour les pertes que pourrait m'occasionner la régie; puis, j'ai demandé *qu'il fût dressé un inventaire estimatif de tout mon matériel par un expert à votre choix*. Copie de ma lettre est ci-jointe, nº 15.

19 juillet 1858. — Ce jour, M. l'ingénieur en chef m'a écrit pour me prévenir que le 16 du mois, vous aviez décidé que les travaux seraient continués en régie à mes frais, et que vous aviez nommé un régisseur comptable.

EXAMEN fait, de quelques difficultés seulement, parmi les faits qui précèdent, il résulte :

Qu'à peine avions-nous commencé nos travaux en 1856, que déjà nous étions menacés d'un arrêté de mise en demeure par M. l'ingénieur de l'arrondissement du nord.

Qu'il se plaignait de la négligence apportée dans nos travaux, quand nous faisions preuve d'activité et de zèle aussi, *travaillant de nous-même*, *et sans ordre par écrit*.

Qu'il nous était dû **22,549** fr. 08 c. quand il nous fit parvenir l'état indicatif pour 1856.

Que cet état qu'il devait nous remettre, aux termes du devis, dans la première quinzaine de janvier 1856, il ne nous l'a remis que le 5 septembre, c'est-à-dire *quarante-deux jours* seulement avant la crue de la Loire, qui est venue, le 17 octobre suivant nous forcer de suspendre nos travaux.

Que nous avons vainement réclamé près de lui, les 17, 30 octobre, et 18 avril 1856, pour qu'il rédigeât des sous-détails supplémentaires.

Que ces sous-détails ne nous ont été adressés, approuvés par vous, Monsieur le Préfet, que le 15 juillet 1857, quoique notre demande fût formulée dès le 2 juillet 1856, encore, et nous devons le consigner ici, nous ne devons ces sous-détails qu'à la justice de M. l'ingénieur en chef, qui a pris la peine de les rédiger lui-même.

Que malgré que ces sous-détails fussent approuvés, et qu'il n'y eût plus qu'à en faire l'application dans les comptes, M. l'ingénieur Duffaud voulait encore, le 4 septembre 1857, diminuer le prix de la cendre de chaux (pour transport), et ce, tout contrairement aussi à ce qu'il avait proposé lui-même, dans son rapport du 19 avril 1856.

Que malgré les réclamations que nous lui avons adressées, le 24 avril 1857, pour qu'il fût dressé un état d'avancement (réclamations d'autant mieux fondées qu'il convenait, avant de commencer les travaux de 1857, de constater ceux faits en 1856), M. Duffaud a cru devoir s'en abstenir, et s'est contenté de nous déclarer qu'il ne nous était rien dû, alors que nous réclamions 24 à 25 mille francs, et que nous étions en avance.

Que c'est à ce refus de nous délivrer des fonds, refus qui mit les entrepreneurs Pellé et Bouvet dans l'impossibilité de continuer les travaux, qu'est due l'obligation où je me suis trouvé de les prendre à mon propre compte, et par suite la position difficile où je me trouve aujourd'hui.

Que le 20 juillet 1855 encore, M. Duffaud se plaignait de la marche lente des travaux, quand nous avions dépensé déjà (neuf mois après avoir été mis en demeure pour 1856), 85,319 fr. 08 c., ou rabais déduit, 69,287 fr. 24 c., et que nous étions encore en avance.

Que M. Duffaud persistait à écrire à M. l'ingénieur en chef que nous devions compléter, dans la campagne, les états indicatifs pour 1856 et 1857, quand il était démontré, *incontestablement*, que le montant des travaux portés dans ces deux états devait s'élever approximativement à 151,981 fr. 46 c., et que les fonds alloués pour ces deux années ne s'élevaient qu'à 100,000 fr.

Que dans la visite qu'il fit sur les travaux, le 29 août 1857, il obligea, par ses exigences, à quitter l'atelier, une douzaine de maçons, quoique ces ouvriers, que nous avions eu beaucoup de peine à nous procurer à Nantes, et qui nous revenaient à plus de 5 fr. 25 c. chacun, par jour, fussent cités parmi les meilleurs du chantier, et fussent réellement les plus capables de construire du perré.

Qu'après nous avoir ordonné, le 5 novembre 1857 : 1° de continuer les approvisionnements de moellons à la Jamétrie; 2° le 15 décembre, de suspendre ces approvisionnements; 3° le 2 février 1858, de compléter à la Jamétrie les travaux portés à l'état indicatif de 1856, état aux termes duquel nous dûmes reprendre le transport des approvisionnements, M. Duffaud nous a écrit qu'il ne nous tiendrait pas compte de cette dépense.

C'est cette dernière mesure qui a mis le comble à notre patience; elle suffira, nous osons l'espérer, Monsieur le Préfet, ajoutée aux difficultés sans nombre que nous avons rencontrées au cours de nos travaux, difficultés qui nous ont obligé à passer une grande partie de notre temps l'esprit continuellement inquiet, en discussions, correspondances, réclamations et voyages, pour motiver, *outre mesure*, les plaintes exprimées dans mes lettres des 15 mai et 16 juillet 1858, précitées.

DEUXIÈME PARTIE.

14 août 1858. —Ce jour, j'ai écrit à M. Duffaud pour motiver le refus que j'étais obligé de faire, de signer pour acceptation, l'état de situation de fin d'année qu'il avait dressé pour 1857. Copie de ma lettre est ci-jointe, pièce nᵒ 16.

15 août 1858. — Ce jour, M. Duffaud m'a écrit pour m'engager à débattre avec son successeur, M. Debormans, l'état de situation précité, ajoutant *qu'il y avait toujours possibilité de revenir en cours d'exécution sur les prix et mètres établis provisoirement dans cet état.*

4 septembre 1858. — Ce jour, M. Debormans m'a écrit pour m'inviter à aller examiner à son bureau l'état de situation des travaux dressé jusqu'au moment de la régie, et l'inventaire estimatif de mon matériel.

19 septembre 1858. — Ce jour, j'ai écrit à M. l'ingénieur en chef (pièce nᵒ 17) : 1ᵒ pour lui apprendre que le décompte que m'avait communiqué M. Debormans était inexact, et que j'avais refusé de le signer pour acceptation ; 2ᵒ pour le prier de recevoir mes réserves, déjà faites, d'ailleurs, dans ma lettre du 14 août à M. Duffaud ; 3ᵒ pour le prévenir *que le retard que j'apporterais à motiver mon refus, serait subordonné à celui que l'administration mettrait à me communiquer les pièces que j'avais demandées.* J'ai désigné de nouveau ces pièces ; puis, en ce qui concerne l'inventaire de mon matériel, j'ai renouvelé la demande qu'il fût dressé *exactement et régulièrement, aux termes de la lettre que je vous avais adressée, Monsieur le Préfet, le 16 juillet 1858.*

25 août 1859. — Ce jour, M. Debormans m'a écrit pour m'inviter à aller accepter en son bureau l'état de fin d'année qu'il avait dressé pour 1858.

4 septembre 1859. —Ce jour, j'ai écrit à M. Debormans pour motiver mon refus de signer le décompte qu'il m'avait communiqué, puis, j'ai terminé ma lettre en le prévenant que si je ne recevais pas, dans un court délai, les pièces que j'avais réclamées, j'adresserais une plainte à M. le directeur général des ponts-et-chaussées. Copie de ma lettre est ci-jointe, pièce nᵒ 18.

22 février 1840. — Ce jour, ayant appris, Monsieur le Préfet, que vous deviez, le 24, procéder à une adjudication, à ma folle enchère, je vous ai écrit pour vous prévenir que je protestais de

nouveau contre cette décision, ainsi que contre l'établissement *à mes frais* de la régie. Je vous ai prié de recevoir mes
réserves déjà exprimées le 16 juillet 1858, et j'ai terminé
en vous priant de vouloir bien *inviter M. l'ingénieur en chef*
à donner l'ordre formel à M. Debormans de me remettre,
dans un temps donné, toutes les pièces que j'avais vainement
réclamées jusqu'alors. Copie de ma lettre est ci-jointe,
n° 19.

2 juillet 1840. — Ce jour, M. l'ingénieur en chef m'a communiqué un
nouveau décompte général des travaux exécutés jusqu'au
moment de la mise en régie, décompte dressé par M. Debormans, et m'a déclaré qu'il m'était accordé dix jours pour
répondre.

9 juillet 1840. — Ce jour, j'ai écrit à M. l'ingénieur en chef pour lui faire
connaître l'impossibilité où j'étais de m'occuper du dé-
compte qu'il m'avait communiqué, et lui ai adressé un
certificat du médecin constatant l'état de maladie dans lequel je me trouvais alors.

5 septembre 1840. — Ce jour, M. Debormans m'a invité à aller accepter en
son bureau l'état de fin d'année dressé par lui pour la
campagne 1839.

10 septembre 1840. — Ce jour, j'ai écrit à M. l'ingénieur en chef pour le prévenir que je persistais à ne point m'occuper des travaux
exécutés par la régie, avant qu'il ne fût statué sur les réclamations que j'avais faites contre l'organisation, *à mes frais,*
de cette régie, et le prier de recevoir à cet égard toutes mes
réserves. Copie de ma lettre est ci-jointe, pièce n° 20.

26 octobre 1841. — Ce jour, j'ai eu l'honneur de vous écrire, Monsieur le
Préfet, pour vous prier d'ordonner qu'il fût dressé un décompte général des dépenses, le chiffre de mon adjudication
étant atteint, et dépassé même.

24 juin 1842. — Ce jour, vous m'avez adressé, Monsieur le Préfet, par
l'intermédiaire de M. le Préfet de la Sarthe, un décompte
général des travaux de mon entreprise, rédigé par M. Lemière, ingénieur en chef de la Loire, *d'après les états de si-*
tuation de fin d'année, dressés par MM. Duffaud et Debormans.

2 juillet 1842. — Ce jour, enfin, je vous ai adressé la lettre dont copie ci-
jointe, n° 21 : 1° pour motiver près de vous, Monsieur le
Préfet, le refus que je faisais d'accepter ce décompte ; 2°
pour vous prier de me faire délivrer dans le plus bref délai

possible, les pièces dont j'avais besoin pour appuyer auprès de vous mes réclamations.

Depuis ce moment, il y a eu débat entre M. Lemière, ingénieur en chef de la Loire, et M. Prus, ingénieur en chef de Maine et Loire, sur la question de savoir lequel était obligé de rédiger le nouveau décompte que vous aviez demandé, et ce débat, vous l'avez soumis à la décision de M. le directeur général.

Le 17 septembre 1842, vous nous avez écrit, Monsieur le Préfet, que M. le ministre des travaux publics avait décidé que c'était à M. l'ingénieur en chef de la Loire de régler notre compte, et que c'était à lui aussi que nous devions adresser les observations que nous pouvions avoir à soumettre.

Aussitôt la réception de votre lettre, nous nous sommes présentés chez M. Lemière, et nous avons rapporté de notre voyage la promesse que notre décompte vous serait présenté le 2 ou le 3 avril suivant.

Aucune pièce ne nous ayant été adressée à cette époque, nous sommes retournés près de M. l'ingénieur en chef qui, après nous avoir accueilli avec bienveillance, et témoigné les regrets qu'il éprouvait de n'avoir pu s'occuper de nous, en raison des nombreuses affaires qui lui étaient survenues par suite des ruptures occasionnées par les grandes eaux de l'hiver, nous assura qu'il adresserait, le lendemain même, toutes les pièces relatives à notre comptabilité, avec prière de s'en occuper dans le plus bref délai, à M. Gallois, aussi ingénieur du service de la Loire.

Enfin, le 11 juillet 1843, dans le but d'accélérer la marche de cette affaire, nous avons pris l'initiative du décompte, et nous avons présenté à M. Gallois, l'état que nous produisons aujourd'hui, le prévenant que pour arriver enfin à une solution : 1° nous renoncions aux demandes de pièces que nous avions exprimées tant de fois, mais toujours vainement ; 2° que nous acceptions les cubes portés dans l'état de M. Debormans, et que dès-lors il ne restait plus à prononcer que sur les points indiqués au moyen d'une croix sur notre état.

M. l'ingénieur Gallois a eu l'obligeance de s'occuper immédiatement de notre décompte, mais, il a été arrêté en cours d'exécution par l'absence au dossier de pièces indispensables pour la justification de la comptabilité, pièces qui avaient été très induement retenues par M. Debormans, quand il quitta le service des digues, et qu'il n'a remises enfin qu'il y a fort peu de temps.

Voici, Monsieur le Préfet, comment on est arrivé au 31 mai, époque à laquelle vous nous avez fait l'honneur de nous écrire pour nous donner connaissance du décompte et des rapports dressés par MM. les ingénieurs du service de la Loire.

Ces renseignements donnés, il ne nous reste plus qu'à vous prier d'accueillir avec bienveillance les observations suivantes, que nous croyons devoir vous présenter, en réponse à celles de MM. les ingénieurs.

TROISIÈME PARTIE.

N° 1. *En ce qui concerne : 1° le 40° pour déplacement de 96ᵐ cubes de moellons à la Jamétrie et l'emmétrage des 1,298ᵐ cubes de terre, mis en déchargement près de l'Aleu , en 1856;*

Du moment où il nous est tenu compte, dans l'état présenté par MM. les ingénieurs, des sommes que nous réclamions pour ces travaux , il ne nous reste plus qu'à vous prier, Monsieur le Préfet, de vouloir bien observer que nos réclamations étaient fondées et que nous avions d'autant plus droit à une prompte justice qu'il y a déjà *huit années* que le travail dont nous demandons le paiement est terminé.

N° 2. *En ce qui concerne l'augmentation de 44 centimes par mètre cube de pierre de Montjean , en raison d'une erreur dans le transport , d'un kilomètre de distance ;*

Dès le commencement de l'entreprise, et aussitôt que nous nous aperçûmes que M. l'ingénieur de l'arrondissement du nord ne comptait les distances, en remontant la Loire, que de l'extrémité (amont) de la levée, près de la boire, au lieu de l'extrémité (aval), près le port de Jamétrie, nous réclamâmes des distances près de M. l'ingénieur en chef. Notre réclamation n'étant que verbale, nous fûmes engagés à attendre la fin des travaux pour la renouveler par écrit, et M. l'ingénieur en chef Prus, nous assura qu'il vous répondrait, Monsieur le Préfet, si vous lui demandiez son avis : « *La réclamation de l'entrepreneur peut être rejettée, en droit, mais je l'appuie comme étant basée sur l'équité.* »

Nous regrettons que M. l'ingénieur en chef de la Loire n'ait pas partagé cet avis avec MM. Prus et Gallois; cela nous prive de lui exprimer, comme nous le faisons ici à ces Messieurs, nos plus sincères remerciements pour les sentiments qui les ont inspirés, l'un dans la réponse que vous avez sous les yeux , l'autre dans celle que nous venons de rapporter.

L'article 14 des conditions générales s'oppose expressément, dit M. l'ingénieur en chef de la Loire , à ce que le prix du sous-détail n° 3 soit modifié. On lit en effet dans cet article, Monsieur le Préfet :

« *L'entrepreneur ne pourra , sous aucun prétexte d'erreur ou d'omission dans la* » *composition des prix des sous-détails, revenir sur ceux par lui consentis, attendu* » *qu'il a dû s'en rendre préalablement un compte exact , et qu'il est censé avoir refait* » *et vérifié tous les calculs d'appréciation.* »

Mais on y lit aussi, Monsieur le Préfet :

« *Mais il pourra réclamer, s'il y a lieu , contre des erreurs de métré ou de dimen-* » *sions d'ouvrages.* »

Or, si M. l'ingénieur en chef invoque contre nous, la première partie de cet article , nous invoquons la seconde à notre profit, la seule qui soit applicable dans cette circonstance, car il ne s'agit point ici d'une erreur *de sous-détail* mais d'une erreur *de métré*.

Le sous-détail n° 5 est rédigé comme il suit :

Découverte et droit de carrière...............................				0	12
Extraction, transport de la carrière au bord de l'eau, charge dans les bateaux, décharge dans les civières...............................	2	18			
Transport à bras sur le sommet du chantier......	0	12			
Emmétrage...............................	0	19			
Transport en brouette du chantier à la Levée.....	0	06			
	2	55			
1/2 % de la main-d'œuvre.....................	0	13		2	68
				2	80
Transport par eau en remontant 100 mètres..................				0	40
Prix non compris le 10ᵉ pour l'entrepreneur.................				3	20

Suivant nous il y aurait erreur de *sous-détail*, erreur prévue par l'article 11 précité, si, et dans l'hypothèse que le prix du transport, 0,40, doive être considéré ici comme un des éléments obligés de la composition du sous-détail n° 5, ce que nous ne pensons pas et ce qui ne peut être,

On avait dit :

Découverte, droit de carrière, extraction, etc.................	2	80
Transport en remontant. Deux kilomètres à 0 fr. 40 c. l'un.....	0	40
Total...................	3	20

Dans ce cas, nous le comprenons, nous ne pourrions être admis à réclamer. Mais on a dit :

Découverte, droit de carrière, extraction, etc.................	2	80
Transport en remontant. 100 mètres ou un kil. à 0 fr. 40 c. l'un.	0	40
Total...................	3	20

Ce n'est donc ici qu'une erreur de *métré ;* elle est patente et bien distincte d'une erreur de *sous-détail*; elle est prévue par la deuxième partie de l'article 41. Nous pensons, en conséquence, *qu'en droit*, elle doit être rectifiée à notre profit.

En outre de ce qui précède, et du moment où, contre notre attente, notre réclamation, ainsi motivée, ne pourrait être accueillie, nous aurions encore à appeler votre attention, Monsieur le Préfet, sur l'interprétation possible de la pensée de l'entrepreneur, lors de l'appréciation des prix, qu'il a dû faire.

L'entrepreneur a dû s'assurer, vous a dit M. l'ingénieur en chef, que le prix total du mètre cube de pierre de Montjean, rendu à la Jamétrie, était suffisant.

Cela est vrai, et nous admettons que les sieurs Pellé et Bouvet ont examiné tous les prix du détail estimatif; mais, ne se sont-ils pas contentés d'en faire un examen très superficiel, comme font malheureusement beaucoup d'entrepreneurs, ou bien s'ils sont entrés dans les éléments de chaque sous-détail, toutefois en suivant les numéros d'ordre qu'ils occupent au détail estimatif (ce qui nous paraît rationnel), et après avoir vu que le chiffre 2 fr. 80 c. porté dans le sous-détail n° 3, pour extraction, etc., etc., et qui leur a paru suffisant, se reproduisait dans le sous-détail n° 4, puis, qu'on avait ajouté à ce prix 0,40 c. pour transport à 1,000 mètres de distance; n'ont-ils pas été fondés à croire, eux surtout, qui, par leur connaissance de la localité, pouvaient apprécier plus facilement les distances, que pour les 1,000 *mètres* portés au sous-détail, on avait entendu la distance comprise entre les carrières de Montjean et l'extrémité *aval* de la levée de Serrant, au lieu de celle *amont*, d'où part le calcul des distances pour transport en bateau, fait par MM. les ingénieurs. Cette supposition nous paraît d'autant plus vraisemblable que les sieurs Pellé et Bouvet ne se seraient trompés que de 250 mètres environ dans leur appréciation; puis, et ce, dans l'hypothèse où ils auraient lu le titre du sous-détail n° 3, où se trouve écrit : *à l'extrémité de la levée, près la Jamétrie*, ne savaient-ils pas comme nous, eux, gens du pays, qu'on dit communément : *la levée de Serrant, ou la levée de la Jamétrie, le chemin du port, ou de la Jamétrie, le port de Montjean, ou de la Jamétrie*, et qu'en parlant de la petite maison habitée naguères encore, par le fermier du bac, on disait : *la maison de la Jamétrie*.

Nous laissons à votre sagesse, Monsieur le Préfet, de décider si l'interprétation qui précède n'est pas rationnelle, et surtout, faite dans le sens naturel de la pensée qui a présidé à la rédaction du sous-détail n° 3. Dans le cas d'affirmative, il ne resterait à nous compter que 750 mètres, au lieu de 1,000 que nous réclamons.

Dans tous les cas, Monsieur le Préfet, nous ne terminerons pas sans appeler à votre bienveillance, et quoiqu'il advienne de votre décision relativement à ce qui précède, nous osons espérer que vous ne refuserez pas de nous tenir compte *en équité*, si vous ne le faites *en droit*, de la position toute exceptionnelle dans laquelle nous nous trouvons ici, par rapport à une réclamation qui se trouve basée sur des antécédents qui ne sont point les nôtres, et vous ne voudrez pas sans doute, que l'administration profite *sciemment* ici, d'une somme qui ne lui est pas acquise, et qui nous serait aussi cruellement enlevée.

N° 3. *En ce qui concerne le prix de 0,17 c. pour main d'œuvre d'enrochement que nous avons porté dans notre état, pour 1485ᵐ, 75ᶜ cubes de pierre employée dans la lacune de la Jamétrie ;*

Notre réclamation tombe d'elle-même, ou plutôt elle n'existe plus, du moment où M. l'ingénieur Gallois nous a fait observer que dans les 5 fr. 87 c. qui nous sont accordés, se trouvent les 5 fr. 70 c. que nous demandons pour le prix de la pierre, et les 0,17 c. pour la main-d'œuvre des enrochements ; et nous ne vous en entretenons ici, Monsieur le Préfet, que parce que M. Gallois a cru devoir vous mentionner notre erreur de calcul, quoiqu'elle ait été reconnue par nous dans son cabinet, aussitôt que signalée.

N° 4. *En ce qui concerne le prix de 16 fr. 94 c. que nous demandons, au lieu de 14 fr. 06 c. qui nous est alloué par le sous-détail supplémentaire n° 19 ;*

M. l'ingénieur Gallois dit :

« *Le prix de la cendre de chaux est fixe à 14 fr. 06 c. L'entrepreneur demande* » *16 fr. 94 c., en se fondant sur ce qu'il a été obligé de la prendre à Savennières,* » *parce qu'il n'a pu en trouver aux fourneaux de Montjean. Comme ces fourneaux* » *n'ont pas cessé de fonctionner, nous croyons devoir rejeter cette demande.* »

Aux termes de l'état indicatif, pour 1856, nous savions qu'il serait employé de la cendre de chaux pour la réparation du pavage de diverses rampes, mais, cet état indicatif ne nous ayant été délivré que le 5 septembre, et la réparation des rampes étant alors d'une exécution impossible, nous avons dû attendre pour faire nos approvisionnements. Nous étions d'ailleurs, en instance, depuis le commencement de la campagne pour obtenir la fixation du prix du mètre cube de cendre de chaux, et ce prix, porté d'abord dans l'état indicatif comme prix à débattre, puis par M. Duffaud, dans son rapport du 19 avril 1856, à 0 fr. 97 c., par nous, à 14 fr. 88 c., n'a été approuvé par vous, Monsieur le Préfet, sur la proposition de M. l'ingénieur en chef, à 14 fr. 06 c. que le 12 juillet 1857.

Le 15, après avoir reçu l'avis de votre approbation qui nous fut donné par M. l'ingénieur en chef, nous avons envoyé notre chef d'atelier aux fourneaux de Montjean pour faire nos approvisionnements, mais les propriétaires de ce fourneau ayant déclaré que leur chaux était vendue depuis longtemps, nous avons dû nous adresser à Savennières, où nous avons été très heureux de pouvoir nous procurer les 20 mètres cubes de cendre de chaux dont nous avions besoin. Nous disons heureux, parce que la cendre de chaux est généralement très recherchée pour l'agriculture et pour les constructions, et que souvent elle est même vendue à l'avance, avant que les fourneaux soient allumés.

Comme la distance du fourneau de Savennières à la Jamétrie, est plus grande que celle du fourneau de Montjean au même point, nous demandons qu'il nous soit tenu compte de la différence du parcours. Ce n'est point là, Monsieur le Préfet, revenir sur un prix consenti, c'est demander purement ce que nous avons été obligés de payer nous-mêmes aux mariniers qui ont fait les transports ; c'est appeler d'un cas de *force majeure*, non pas, comme le dit M. l'ingénieur Gallois, parce que le fourneau aurait cessé de fonctionner, mais parce que, par une circonstance tout à fait indépendante de notre volonté, il ne nous a pas été possible de nous y procurer de la cendre de chaux à l'époque à laquelle nous avons été mis en demeure de faire nos approvisionnements.

Nous osons espérer, Monsieur le Préfet, que vous concluerez des renseignements qui précèdent que notre réclamation est fondée, et qu'il y a lieu de nous accorder la somme de 57 fr. 60 c. pour différence de celle qui nous a été portée dans l'état de M. Gallois, à celle que nous nous croyons bien légitimement due et que nous réclamons (1).

N° 5. En ce qui concerne la somme de 346 fr. 45 c. que nous demandons pour déplacement de 260ᵐ cubes de moellon dans la lacune de la Jamétrie, et le déchet compris;

En 1833, le 10 décembre, et en conséquence de lettres, l'une du 30 novembre, par laquelle M. Delannoi, alors ingénieur de l'arrondissement du Nord, nous prévenait que nous devions commencer nos approvisionnements par la lacune de la Jamétrie, l'autre du 5 décembre, par laquelle M. l'ingénieur en chef nous invitait à commencer sans délai nos travaux ; en conséquence, enfin, de l'état indicatif de M. Delannoi, à la date du 9 du même mois, qui détermine le cube des approvisionnements, nous avons transporté, comme nous l'avons déjà dit, les moellons de Montjean et de la Grande-Roche, qui nous avaient été demandés.

Pour éviter une fausse main-d'œuvre, nous avons consulté les profils du nivellement ; puis, nous avons fait emmétrer nos moellons sur un terrain qui ne devait pas être fouillé, et en dehors de l'emplacement projeté des perrés (2). Mais M. Du-

(1) Les observations qui précèdent ont été rédigées le 25 juillet 1844, *pendant notre séjour au Mans, d'après nos souvenirs et la correspondance de notre chef d'atelier :* depuis ce moment, nous nous sommes transportés à Montjean, et là nous avons acquis de nouveau la certitude qu'il n'avait pu nous être livré de cendre de chaux en juillet 1837. Bien plus, nous nous sommes assuré que le fourneau auquel nous devions prendre nos approvisionnements n'avait point fonctionné depuis 1836. Le certificat ci-joint, pièce n° 22, démontre d'une manière incontestable que M. Gallois était mal informé quand il a rédigé son rapport du 13 mai dernier ; il démontre aussi que nous sommes fondés plus que jamais dans notre réclamation, en raison d'un *cas de force majeure.*

(2) Les métrés partiels sont rapportés géométriquement sur le plan ci-joint n° 23. La ligne rouge pointillée indique les divers alignements suivant lesquels l'extrémité inférieure des perrés devait être dirigée.

fand qui venait de succéder dans l'arrondissement du Nord à M. Delannoi, ayant modifié en juin 1856, et comme il est indiqué sur le plan en lignes pleines, bleues, le tracé primitif de la courbe de la Jamétrie, et ayant décidé que la base du perré reposerait sur un cordon d'enrochement dont la direction, d'après les profils du nouveau nivellement, est rapportée en lignes bleues aussi sur le même plan, il en est résulté pour nous, l'obligation inattendue : 1° du déplacement des moellons approvisionnés en 1855 et 1856 ; 2° de l'enlèvement des terres sur lesquelles ces moellons avaient été approvisionnés et emmétrés ; mais comme il n'avait été porté au détail estimatif aucun prix, et pour le déplacement du moellon en bateau à une grande distance, et pour le transport du déblai à 6ᵐ 56ᶜ au-dessus de l'étiage, attendu que ces travaux survenus par le fait seul de M. Duffaud, n'avaient pu être prévus, avant l'adjudication, nous avons demandé qu'il fût dressé des sous-détails supplémentaires.

M. Duffaud refusa d'abord d'accueillir notre demande, mais, pressé par noˢ réclamations des 17 août, 50 octobre et 18 avril 1856, voyant aussi que refusant de déplacer nos matériaux, les déblais des chantiers ne pouvaient s'exécuter, *obligé* d'ailleurs par M. l'ingénieur en chef, il rédigea enfin, le 19 avril, une réponse détaillée sur toutes nos réclamations. Dans ce rapport, adressé à M. l'ingénieur en chef, M. Duffaud a refusé de nous tenir compte du déplacement de la pierre ainsi que de l'augmentation de prix que nous avions demandée pour le transport des déblais jusque sur le sommet de la levée. Mais M. l'ingénieur en chef, après avoir entendu nos observations du 18 juin 1857, usant, d'ailleurs, du pouvoir qui lui est conféré par l'article 50 des conditions générales, a décidé que nos réclamations étaient fondées, et vous a adressé, le 4 juillet 1857, une série de sous-détails supplémentaires que vous avez approuvée le 12 du même mois.

C'est en vertu de cette décision, et d'après l'application du sous-détail nᵒ 16, qu'il nous est tenu compte dans l'état qui vous est présenté, du déplacement de 474ᵐ 44ᶜ, puis, de 96ᵐ cubes de moellons approvisionnés sur la courbe de la Jamétrie.

Que demandons-nous aujourd'hui, Monsieur le Préfet ?

Qu'il nous soit tenu compte du déplacement de 260ᵐ cubes moellons de Mont-jean et de la Grande-Roche : nous le demandons, parce que ces 260ᵐ avec les 474ᵐ 44ᶜ et les 96ᵐ qui nous sont comptés, forment à 286ᵐ 74ᶜ près, les 1117ᵐ 18ᶜ, pour le déplacement desquels nos réclamations ont été entendues.

Le déplacement de ces 260ᵐ a été constaté, dans le temps, contradictoirement, avec nous, par le conducteur des travaux.

Protester aujourd'hui contre notre réclamation, ce serait protester contre la décision de M. l'ingénieur en chef, contre les pouvoirs qui lui sont conférés par l'article 50 des conditions générales. Ne serait-ce pas d'ailleurs, Monsieur le Préfet, vous demander d'annuler aujourd'hui, ce que vous avez approuvé le 12 juillet 1857 ?

Nous osons espérer que toute protestation viendrait échouer contre votre justice, et qu'il vous plaira de nous accorder le somme de 346 fr. 45 c., que nous
réclamons pour les déplacements que nous venons d'indiquer.

*N° 6. En ce qui concerne le transport en charrette des déblais provenant des chantiers
de la Jamétrie, transport dont nous demandons le paiement :*

Comme nous avons eu l'honneur de vous le dire, Monsieur le Préfet, nous
avons commencé le **20 juin**, nos travaux de la campagne 1856, et pour nous
conformer aux intentions de M. l'ingénieur en chef, nous avons porté nos remblais dans la partie de la lacune, la plus voisine des propriétés de Mme de Serrant
et de M. Moriceau, c'est à dire, dans la courbe même de la Jamétrie; nous n'avons
dans cette campagne exécuté nos remblais, que sur 5^m ou 5^m 50^c de largeur, et
nous avons fait réserve d'un mètre au moins à remblayer du côté du fleuve,
parce que nous comptions alors, sur le cube de la terre des Chantiers, lesquels,
quoiqu'il advint de la fixation des prix que nous avions demandé, devaient être
tôt ou tard déblayés, et parce que nous étions autorisés, aux termes de l'état indicatif de 1856, à placer un mètre cube de ces déblais sous le perré.

Il ne fut repondu à nos réclamations, comme vous le savez maintenant, Monsieur le Préfet, que le 45 juillet 1857. *Alors, seulement,* nous étions tenus de
commencer nos travaux.

Nous n'avions cependant pas attendu ce moment, car, M. l'ingénieur en chef
Prus, qui nous a toujours inspiré une confiance illimitée, nous aimons à le ré-
péter ici, nous ayant invité, il y avait quelque temps déjà, à nous occuper de
cette partie des travaux, nous avions commencé les déblais, et, dans une partie
d'où le moellon avait été enlevé et mis en enrochement, nous en avions fait environ 500^m cubes; mais, ayant reconnu au cours de ce travail, que ces déblais
n'avaient point la qualité voulue pour être placés en remblais sous le perré, puisqu'ils ne produisaient que du sable (à l'appui le certificat, pièce n° 25), et que
l'emploi du sable était interdit avec raison, nous suspendîmes nos travaux.

Nous prévînmes M. l'ingénieur Duffaud, et lui observâmes que les déblais devant
être transportés en charrette, à une distance imprévue, il y avait lieu de nous
accorder un nouveau prix.

M. l'ingénieur en chef, à qui nous fimes part de cette circonstance et auquel
nous exprimâmes notre intention de ne pas continuer les travaux, si M. Duffaud
persistait à ne pas vouloir faire droit à notre demande, nous dit :

*Reprenez de suite vos travaux, je vous y engage; dans aucune circonstance vous ne
devez les suspendre, et chaque fois que vous rencontrerez des faits ou des difficultés im-
prévues, faites-les constater, mais, travaillez toujours; l'administration tôt ou tard
vous fera justice de vos réclamations.*

Par suite de cette recommandation, et le cas imprévu provenant de la mauvaise qualité des déblais étant reconnu , nous avons repris nos travaux , et nous avons achevé le déblaiement des chantiers de la Jamétrie, vers la fin de 1857 (1).

Depuis ce temps il n'a été nullement question de cette affaire, M. Gallois était donc mal informé , Monsieur le Préfet, quand il vous a dit que M. Duffaud avait toujours refusé de nous tenir compte du prix de ces travaux : jamais, il n'y a eu de débat à ce sujet, nous l'affirmons, entre M. Duffaud et nous, à l'appui, d'ailleurs , sa lettre du 25 juin 1857, dans laquelle il nous dit :

Je sais qu'il y a décision à prendre sur quelque prix dont vous demandez l'augmentation , mais que ce retard ne vous empêche pas de marcher ; songez donc que votre demande se réglera après, comme avant l'exécution des ouvrages , et persuadez-vous bien que l'administration ne veut pas , et ne peut pas vouloir vous refuser ce qui vous est dû : hâtez vous donc de monter vos perrés et d'achever vos terrassements.

Les renseignements qui précèdent seront suffisants , nous osons l'espérer, Monsieur le Préfet , pour éclairer votre justice, et vous reconnaîtrez que les déblais provenant des chantiers n'étant que du sable , et l'emploi du sable sous le perré étant interdit , nous nous sommes trouvés dans l'impossibilité de les utiliser dans la partie que nous avions réservée, à cet effet, dans la courbe de la Jamétrie, et en amont près de cette courbe ; que vu cette impossibilité, nous avons été obligés de transporter ces déblais au moyen de charrettes à une plus grande distance que celle calculée ; que ce transport obligé ne provient ni de notre volonté mauvaise, ni de notre imprévoyance, mais qu'il est résulté d'un fait inattendu pour nous, comme pour M. l'ingénieur Duffaud lui-même ; enfin, qu'il résulte de cette circonstance un cas de force majeure , et qu'il y a lieu de nous accorder la somme de 1,680 francs , que nous réclamons et qui nous est due depuis 1857.

N° 7. En ce qui concerne notre réclamation au sujet du déplacement des moellons mis en défense sur les talus de la levée , en octobre 1856 ;

Il nous a été tenu compte intégralement, et sans aucune difficulté, des journées employées à placer des moellons en défense sur les talus de la levée , lors de la crue du 17 octobre 1856, quoique nous n'eussions reçu aucun ordre spécial pour ce travail, et qu'il ait été exécuté hors la présence , pour ainsi dire, du conducteur de l'administration , en tournée de surveillance pendant les hautes eaux. Aujourd'hui, par un motif qu'il nous est impossible de nous expliquer, on refuse de nous tenir compte du prix des journées employées à déplacer ces mêmes moellons, rélever les terres entraînées par les eaux dans les fondations , journées que nous

---

(1) Le tracé des rampes parcourues pour porter les terres sur le sommet de la levée, d'où elles ont été ensuite transportées au moyen de charrettes à une nouvelle distance, est rapporté en lignes rouges sur le plan ci-joint n° 25. Une petite flèche est tracée dans la largeur de ces rampes , pour indiquer leur direction vers le sommet.

avons payées, quand, nous nous trouvons placés dans un cas parfaitement identique à celui du 17 octobre, précité, avec cette circonstance qui militerait au besoin en notre faveur, c'est que, *nous avions demandé des ordres pour commencer les travaux*, puis, *la présence d'un conducteur*, que ces ordres nous ont été donnés, qu'un conducteur a été envoyé sur les lieux, qu'il y est constamment demeuré pendant l'éxécution des travaux.

On offre de nous payer le travail d'après un prix par assimilation à d'autres travaux de l'entreprise, et on évalue le cube de terres retroussées, d'après un métré approximatif; mais, cela ne peut nous satisfaire, Monsieur le Préfet, d'abord, parce que le métré a été fait non sur les lieux, mais au cabinet de M. Duffaud, et, que rien ici ne nous en prouve l'exactitude, puis en outre, parce que les déplacements de moellons que nous avons faits, ne sont point des déplacements ordinaires auxquels est applicable l'article 15 des sous-détails supplémentaires.

La plus grande partie des moellons était engagée sous les terres que les eaux avaient descendues du sommet de la levée, et, cette plus grande partie n'a été arrachée aux remblais qu'avec le secours de pelles et de pioches. Chaque moellon a été monté à bras, ou passé de main en main jusque sur le sommet de la levée, car, la pente des talus réglée à 2 pour 1, ne nous permettait pas l'usage des brouettes : nous avons passé à ce travail un temps considérable, infiniment plus de temps que pour le même travail, dans un terrain ordinaire.

Dans tous les cas, Monsieur le Préfet, si M. Duffaud avait eu l'intention bien arrêtée, avant l'éxécution des travaux dont je viens de vous entretenir, de ne pas les payer à la journée comme ceux du mois d'octobre précédent, et *comme il a toujours été fait au cours de semblables travaux depuis 1826*, pourquoi ne nous a-t-il pas prévenus? pourquoi a-t-il envoyé sur l'atelier le conducteur dont nous avions demandé la présence le 24 avril? pourquoi surtout, au mépris de l'article 22 des conditions générales, ne nous a-t-il pas appelés, pour faire avec lui un métré contradictoire sur les lieux? pourquoi n'a-t-il pas débattu, au besoin, avec nous, le prix qu'il voulait nous offrir?

Nous persistons, Monsieur le Préfet, dans la demande du montant des journées que nous avons payées, et nous espérons de votre justice, que vous ordonnerez qu'il nous soit tenu compte de la somme de 104 fr. 29 c., dont le chiffre de notre demande diffère, en plus, de celui de M. Duffaud.

N° 8. *En ce qui concerne notre réclamation relative aux prix, 781^m 80e cubes de pierre, que nous avons laissée dans la carrière de la Grande-Roche de Savennières;*

M. l'ingénieur Gallois, nous renvoie pour nous faire rembourser du prix de cette pierre, vers les sieurs Pellé et Bouvet, *tâcherons de la régie*, qui ont vendu cette pierre à leur profit.

Nous ne comprenons pas, Monsieur le Préfet, comment nous pourrions être fondés à réclamer aujourd'hui aux sieurs Pellé et Bouvet, le prix de notre pierre, n'ayant fait aucun traité avec eux, et ne possédant aucunes pièces capables, au besoin, de justifier de nos droits et d'appuyer notre demande.

Les sieurs Pellé et Bouvet ne pourraient-ils pas décliner nos qualités ?

En acceptant d'ailleurs, le renvoi vers eux, proposé par M. Gallois, ne serait-ce pas nous engager dans les voies d'une procédure ? Et, dans l'hypothèse où ces deux entrepreneurs ne seraient pas solvables, ceci n'est qu'une hypothèse, mais une hypothèse permise, *nous le pensons*, ne serait-ce pas accepter une créance sans valeur ?

Et dans l'hypothèse encore, où les sieurs Pellé et Bouvet, n'auraient pas, en ce moment, de domicile connu, ou mieux encore, si au lieu des sieurs Pellé et Bouvet, les tâcherons de la régie avaient été tels ou tels, et que tels ou tels fussent aujourd'hui passés en pays étranger, devrions-nous aller les y chercher ? Et si les ayant trouvés, il nous était démontré leur insolvabilité devrions-nous nous tenir pour satisfaits ?

Vous êtes trop juste, Monsieur le Préfet, pour vouloir nous laisser dans une position aussi difficile, et *suivant nous*, aussi contraire à nos droits.

La pierre dont nous réclamons le prix, était sur la carrière de la Grande-Roche lors de l'établissement de la régie, le cube en a été constaté par ordre de M. l'ingénieur en chef.

La régie s'est emparée du matériel de la carrière, ainsi que des matériaux extraits, sans avoir rempli aucune des formalités obligées en pareille circonstance ; elle a disposé ou laissé disposer de ces matériaux, *après nous en avoir fait l'interdiction ;* c'est à elle seule, ou plutôt à l'administration qui l'a mise en œuvre, que nous croyons devoir demander compte.

Nous osons espérer, Monsieur le Préfet, que vous trouverez notre demande fondée, et que vous ordonnerez qu'il nous soit tenu compte de la somme de 4,516 fr. 89 c. que nous réclamons, et qui nous est due depuis 1858.

N° 9.   *En ce qui concerne le prix de notre matériel ;*

Nous nous reportons purement et simplement aux réserves que nous avons faites, notamment près de M. l'ingénieur en chef Prus, le 19 septembre 1858, et vous rappelant ici, Monsieur le Préfet, la lettre que nous avons eu l'honneur de vous écrire le 15 mai 1858, nous demandons qu'un expert nommé par vous, procède, après une enquête aujourd'hui devenue nécessaire, à l'inventaire estimatif de notre matériel, ou qu'il vous plaise d'ordonner qu'il nous soit compté une somme de 2,000 fr., pour le prix de ce matériel.

DE LA RÉGIE.

DE SON ORGANISATION ET DE SES RÉSULTATS.

Les travaux de réparations de digues de Savennières, interrompus depuis 1812 ou 1815, furent repris en 1826. Le devis dressé pour l'adjudication, qui eut lieu à cette époque, imposa aux entrepreneurs l'obligation d'extraire les moellons nécessaires à la construction des perrés, dans le champ de la Grande-Roche de Savennières, appartenant à M. le comte de la Potherie. Ce fut alors, que les sieurs Bommer et Muzet, adjudicataires favorisés, commencèrent dans le champ précité, l'exploration d'un rocher qui, s'élevant à 15^m environ, au-dessus du fleuve, lui était presque contigu dans sa base.

Ce rocher produisit les matériaux les plus avantageux, tant sous le rapport de la qualité, que sous celui de la conformation des moellons, et les sieurs Bommer et Muzet furent ainsi favorisés dans leur exploitation, au cours des diverses adjudications successives passées à leur profit, jusqu'en 1834. A cette époque, ils commencèrent à se plaindre de la mauvaise qualité de la pierre, qui leur donnait une quantité considérable de déchet; mais, l'administration ayant autorisé l'emploi de toute la pierre extraite, toutefois dans des dimensions convenables, avec ou sans parements, ils continuèrent leur exploitation jusqu'en 1835.

MM. les experts envoyés sur les lieux, à cette époque, par le tribunal de 1re instance d'Angers, pour régler de l'indemnité de la carrière, entre les entrepreneurs précités et M. de la Potherie, pourraient, au besoin, raconter la surprise qu'ils éprouvèrent en voyant dans un aussi mauvais état de production, cette carrière qu'ils avaient reconnue, deux années auparavant, digne d'être citée, pour ses productions, comme une des plus belles du département.

De 1834 à 1835, l'état de la carrière ne s'améliora point, et nous dûmes, dès le commencement de notre entreprise (28 septembre 1835), sinon nous inquiéter déjà de l'avenir de cette carrière, du moins, songer à préparer sans délai, une exploitation plus productive et moins onéreuse.

Ce fut dans cette pensée, Monsieur le Préfet, que nous nous mîmes à l'œuvre, et que, tout en exploitant sur une plus grande échelle le rocher entamé, nous travaillâmes dans une seconde carrière, que nous avions achetée, et qui était voisine de la première.

Mais ces deux carrières, en raison de la quantité considérable de moellon impropre au perré qu'elles fournissaient, étant encore insuffisantes pour nous mettre à même de satisfaire à la demande d'approvisionnement, déterminé pour les campagnes 1836 et 1837, nous fûmes contraints d'en ouvrir une troisième, dans laquelle nous avons dépensé beaucoup d'argent, et que nous avons été obligés d'abandonner entièrement en raison de ses mauvaises productions.

Dans cet état de choses, et nous voyant dans l'impossibilité la plus absolue de pouvoir satisfaire aux états indicatifs, nous crûmes devoir vous écrire, Monsieur le Préfet, pour vous faire connaître notre position, puis vous demander une indemnité :

1° Pour la perte considérable que nous avons éprouvée dans l'exploitation des deux carrières ouvertes au moment de l'adjudication ;

2° Pour celle, considérable aussi, que nous avait occasionné l'ouverture de la troisième carrière ;

3° Enfin, pour nous indemniser des dépenses énormes que devaient occasionner les travaux qu'il était indispensable de faire pour mettre les deux premières carrières dans un état d'exploitation tel, qu'il nous fût permis de satisfaire aux demandes de MM. les ingénieurs.

Nous terminâmes notre lettre en vous priant de vouloir bien faire visiter les lieux, dans le plus bref délai possible; copie de notre lettre est ci-jointe, n° 12.

Voici, Monsieur le Préfet, comment nous estimions l'indemnité, et comment nous arrivions au chiffre de **20,000** francs.

Nous disions :

1° Nous avons donné pour obtenir une carrière ouverte........	500	»
2° Nous avons perdu sur cette carrière et une 2ᵉ, au moins.....	2,000	»
3° Nous avons perdu sur la 3ᵉ que nous avons ouverte.........	3,500	»
4° Nous dépenserons pour préparer une 4ᵉ carrière au moins...	14,000	»
Total......................	20,000	»

Pour arriver à cette somme, nous demandions :

1° 1/3 au lieu des 4/5 du prix d'extraction pour la pierre fournie avant juin 1837, et dont le cube est de 3923^m 93^c, lesquels à 0 fr. 30 cent. l'un 1,177 18

2° Pour les 4557^m cubes de déchet sur la carrière, à 0 fr. 40 c. seulement 1,822 82

3° Pour l'ouverture d'une nouvelle carrière, sur une grande échelle .... 12,000 »

4° 1/5 d'augmentation sur le prix d'extraction de la pierre à fournir, approximativement .... 2,500 »

5° L'autorisation de vendre la pierre impropre au perré, devant produire approximativement .... 2,500 »

TOTAL PAREIL................. 20,000 »

Vous remarquerez bientôt, Monsieur le Préfet, combien nous étions au-dessous d'une appréciation exacte quand nous ne portions qu'à 12,000 fr. la dépense des travaux préparatoires à faire.

MM. les ingénieurs visitèrent la carrière de la Grande-Roche, le 14 décembre 1837, et nous fûmes instruits par vous, le 27 février 1838, du résultat de leur visite.

Dans son rapport du 15 février 1838, après avoir reconnu qu'il existait, pour mettre la carrière en état d'exploitation, des travaux préparatoires considérables à faire, puis, constaté la déclaration que nous lui avions faite, à savoir, que les 4557^m cubes de déchet existants alors sur la carrière, correspondaient aux 857^m 92^c cubes de moellons fournis dans la campagne, puis, déclaré aussi que les difficultés qui se présentaient ne constituaient pas le cas de force majeure prévu par *l'article 26 des conditions générales, attendu qu'il n'y avait pas d'événement instantané à dater duquel on pouvait compter un délai de dix jours,* comme il est dit dans l'article précité, M. l'ingénieur en chef a conclu :

1° Qu'il n'y avait pas lieu de nous accorder l'indemnité que nous avions demandée ;

2° Qu'il y avait lieu de nous autoriser à employer en enrochements la pierre moellonneuse de la Grande-Roche, de qualité équivalente à celle de Montjean, le mètre cube ne devant pas coûter plus cher que celui de cette dernière pierre ;

3° Qu'il était utile de constater, à l'avenir, contradictoirement, tous les mois, la quantité et la nature des déchets provenant de l'exploitation de la carrière, afin de recueillir des renseignements exacts pour le cas où l'adjudicataire croirait devoir présenter, à l'expiration de son marché, une demande d'indemnité à M. le directeur-général.

Nous n'avons jamais eu la pensée, Monsieur le Préfet, d'invoquer à notre profit l'application de l'article 26 des conditions générales, rapportées par M. l'ingénieur en chef. Nous n'avons employé les mots *cas de force majeure* que pour vous dépeindre plus sensiblement la position *obligée* dans laquelle nous nous trouvions par suite d'une circonstance *majeure* et tout à fait indépendante de notre volonté, (l'épuisement de la carrière de la Grande-Roche), position qui ne nous permettait plus de fournir les approvisionnements de moellons qui nous étaient demandés.

La carrière était en effet épuisée, Monsieur le Préfet, non dans ce sens qu'il ne restait plus de moellons à extraire dans les excavations pratiquées jusqu'alors, mais parce que cette extraction était devenue : 1° dans la carrière que nous avions ouverte, *sans résultats productifs ;* 2° dans celle que nous avions achetée, *ruineuse,* dans toute l'acception du mot, puisqu'elle ne produisait que 1ᵐ de bonne pierre pour 5ᵐ 44ᵉ cubes de déchet, fait qui résulte des cubes constatés le 14 décembre 1837, par ordre de M. l'ingénieur en chef, et que, du reste nous avons offert de prouver ; 3° enfin, dans celle que l'administration nous avait donnée, aux termes du devis, *impossible*, parce que nous étions parvenus à une profondeur telle que les eaux de la Loire y pénétraient par toutes les fissures, et s'y nivelaient comme dans leur propre lit.

Nous regardions néanmoins comme constituant un cas de force majeure prévu, non par *l'article 26*, mais par *l'article 22* des conditions générales, l'obligation où nous nous trouvions d'ouvrir une nouvelle carrière.

Nous disons une nouvelle carrière, car il ne s'agissait point alors, Monsieur le Préfet, de donner une extension implicitement présumée à celle du devis en continuant l'exploitation du *même banc* sur quelques mètres de plus en profondeur. Il ne s'agissait point non plus d'une de ces circonstances dans lesquelles se trouvent tels ou tels entrepreneurs, circonstance très ordinaire et qui les oblige à entamer sur une nouvelle largeur un rocher *découvert*, ou à fouiller seulement quelques décimètres de terre pour arriver à ce rocher. Il ne s'agissait point enfin d'une exploitation qui devient avantageuse à l'entrepreneur, du moment et aussitôt qu'il a atteint ce rocher, surtout quand tous les moellons provenants de l'extraction lui sont profitables, et qu'il peut utiliser le déchet. Nous nous trouvions dans une position tout exceptionnelle ; exceptionnelle par rapport à l'importance des travaux préparatoires que nous avions à faire ; exceptionnelle par rapport à l'obligation qui nous était imposée de ne fournir les moellons que dans de grandes dimensions et des dimensions données.

Le rocher qu'il fallait exploiter se présentait coupé verticalement dans le sens de sa direction. L'inclinaison de ses couches se faisait de l'est à l'ouest sous un angle très prononcé ; de là, l'obligation d'aller chercher *le chef* à une grande profondeur ; de là, aussi, l'obligation d'extraire une quantité monstrueuse de déblais en terre et schiste ; de là, enfin, notre demande en indemnité du 29 novembre 1837

Le résultat des travaux exécutés par la régie vous démontrera bientôt, Monsieur le Préfet, combien notre demande était fondée et combien elle méritait d'être accueillie.

Malgré les difficultés d'extraction que nous avons signalées ci-dessus, nous avons continué l'exploitation d'une carrière, la seule dans laquelle il y eut encore quelques moellons jusqu'au 15 mai 1858; mais, il ne fut fait mensuellement par MM. les ingénieurs aucun état contradictoire pour constater l'état de la carrière et ses productions, et ce, contrairement à ce qu'avait ordonné M. l'ingénieur en chef dans son rapport du 15 février précité.

Cette espèce d'abandon de la part de l'administration qui paraissait attacher si peu d'intérêt à une affaire pour nous si importante, et elle l'était en effet ; les pertes que nous venions encore d'éprouver dans cette dernière exploitation, les difficultés que nous avions rencontrées à chaque instant au cours de nos travaux, l'impossibilité enfin, où nous nous trouvions, vu l'épuisement de la dernière carrière, de fournir les matériaux demandés, nous obligèrent à vous écrire, le 15 mai 1858, pour vous prévenir que nous suspendions ce même jour nos travaux, et vous prier de vouloir bien ordonner qu'ils fussent repris sans délai et continués en régie *aux frais de l'état ;* notre lettre est ci-jointe, pièce n° 14.

Dans cette lettre, nous vous avons dit aussi, Monsieur le Préfet, que les changements apportés au mode d'exécution des travaux par M. l'ingénieur de l'arrondissement du Nord, étaient de nature à augmenter de 200 à 500 mille francs le chiffre de l'adjudication.

Le 5 juillet, vous nous avez fait signifier votre arrêté du 5 juin 1858, qui portait :

« *Considérant que l'augmentation de 200 à 500 mille francs dont parle le ré-*
» *clamant, motiverait suffisamment la résiliation qu'il sollicite, si elle était fondée*
» *d'une manière convenable ; mais considérant qu'il n'avance que des faits qui de-*
» *viennent de nulle valeur devant les réponses de MM. les ingénieurs, etc.* »

Le 16 du même mois nous avons protesté contre le dispositif de votre arrêté déclarant que nous n'avions point sollicité une résiliation, mais seulement une indemnité pour les carrières ; puis, nous vous avons prié, Monsieur le Préfet, de vouloir bien recevoir nos réserves au sujet d'une demande en résiliation que nous pourrions faire par suite, ou d'une demande en indemnité si cette régie venait, contre notre attente, à être organisée à nos frais ; copie de notre lettre est ci-jointe, pièce n° 15.

Le 16 juillet 1858, vous avez ordonné cette organisation.

La régie, en conséquence, a fonctionné depuis ce moment jusqu'au 21 juillet 1840 (deux ans et demi mois).

Du décompte des travaux qu'elle présente, il résulte que, pour une dépense

soldée de 85,844 fr. 97 c., il n'a été exécuté, au prix du devis, que pour
68,555 fr. 54 c, de travaux.

<table>
<tr><td>Il existe donc un déficit de.................................</td><td>18,311 63</td></tr>
</table>

Les travaux de remblais, de pavage, ainsi que les transports, ont
    été faits au prix du devis.

Il y a eu bénéfice sur la main-d'œuvre des perrés.

Une augmentation de 50 pour % a été accordée :

1° Pour le déplacement des moellons, sur un prix de 0 fr. 22 c.

2° Pour la main-d'œuvre des enrochements, sur un prix de 0 fr.
    17 cent.

Balance faite entre l'augmentation et le bénéfice, s'il résulte une
    perte pour l'entreprise, elle doit être bien minime, nous
    croyons pouvoir la passer sous silence, et considérer le déficit
    ci-dessus mentionné, comme résultant seulement de l'exploita-
    tion de la carrière de la Grande-Roche.

Cette carrière a produit à la régie 4831^m 88^c cubes de pierres tant
    pour le perré que pour les enrochements : portant pour ces
    4831^m 88^c, à 1 fr. 89 cent., prix du devis, pour découverte,
    extraction, transport au bord de l'eau, etc., ci............   9,132 23

IL RÉSULTE UN CHIFFRE DE...........   27,443 88

Ce chiffre divisé par le nombre de mètres cubes extraits ou 4831^m 88^c, on ob-
tient pour prix du mètre 5 fr. 68 c., ou pour prix de la toise 45 fr. 44 c.

5 fr. 68 c. pour extraction d'un mètre cube de pierre !....

M. le directeur du syndicat avait estimé, Monsieur le Préfet, avec une bien
grande précision, les travaux, quand il écrivait à M. l'ingénieur en chef, le
5 septembre 1859 :

« *Quoique la partie du rocher où fait travailler la régie soit découverte, l'ex-*
» *traction y est ruineuse, parce qu'il y a trop de déchet. L'extraction seule coûte*
» *plus de 5 fr. du mètre.* »

5 fr. !... 5 fr. 68 c. !... ces prix sont énormes, mais, ils n'ont rien de sur-
prenant pour nous, qui savons qu'on persistait à exécuter les travaux *à la journée*,
quand la fourniture des moellons avait été offerte *au prix du devis*.

Et ce chiffre 5 *fr.* 68 c., quel qu'élevé qu'il soit, Monsieur le Préfet, il n'est
pas encore le chiffre réel, car, la régie a dû arriver, c'est au moins présumable,
et ce, dans un temps donné, à une exploitation facile, et d'autant plus facile
qu'elle avait dépensé énormément d'argent pour la préparer ; dès lors, elle a dû
extraire les matériaux au prix, peut-être même, au-dessous du prix du devis.
Partant de là, et supposant que la moitié des produits de la carrière ou 2415^m

94° aient été extraits pendant une exploitation facile, ne sommes-nous pas autorisés à dire que les autres 2415ᵐ 94° ont coûté le chiffre monstrueux, pour
extraction seulement, de 22,877 fr. 75 c., c'est-à-dire 9 fr. 47 c. le mètre cube,
ou 75 fr. 76 c. la toise!

Voilà, Monsieur le Préfet, le résultat de travaux exécutés par la régie.

Toutes observations de notre part, ne deviendraient-elles pas inutiles en présence de pareils chiffres!

Il nous resterait, maintenant, Monsieur le Préfet, à vous démontrer quelles
étaient les modifications apportées dans l'exécution des travaux dont nous étions
adjudicataires, et comment elles étaient de nature à augmenter le montant de
notre adjudication de deux ou trois cent mille francs.

Cette tâche nous serait facile, car, il suffirait d'établir sous vos yeux la com-
paraison entre les travaux exécutés alors, et ceux prévus lors de l'adjudication,
ainsi que le chiffre de la dépense qui restait à faire, calculée d'après le prix des
travaux qui venaient d'être exécutés. Mais, nous croyons devoir nous abstenir
d'entrer dans ces détails, du moment, qu'ils se trouvent résumés en chiffres par
l'administration, et qu'elle démontre elle-même, d'une manière claire et incontestable, comment les faits que nous avancions ne pouvaient perdre leur valeur,
en présence des observations de MM. les ingénieurs, observations toutefois qui
n'ont jamais été mises à notre connaissance.

Nous devions, aux termes de l'adjudication du 28 septembre 1855, *achever* la
réparation des digues de Savennières, *depuis Laleu jusqu'à la Jamétrie*, pour
et moyennant une somme de 227,686 fr. 51 c., ou rabais déduit 187,841 fr.
21 c.

Un plan général et un nivellement général aussi, avaient été dressés avant
l'adjudication, pour déterminer les alignements à suivre, et faire, en raison des
cubes, l'appréciation de la dépense.

Mais, des changements ont eu lieu dans ce plan et dans ce nivellement,
par le fait seul de MM. les ingénieurs, et il s'en est suivi une augmentation
de dépenses.

C'est cette augmentation que nous avions appréciée, et que, dans notre position, il nous était facile d'apprécier, que nous avons voulu vous signaler, Monsieur le Préfet, dans notre lettre du 15 mai 1858.

Cette augmentation avait été prévue aussi par MM. les ingénieurs eux-mêmes;
et, quant à l'appréciation de la dépense qui devait en résulter (dans une conver-
sation qui eut lieu en notre présence, sur les digues, le 14 décembre 1857);
ils en élevaient le chiffre, que nous avons enregistré, à 350 ou 400 mille fr.

L'adjudication qui vient d'avoir lieu, démontrerait au besoin, que le chiffre
de cette appréciation, faite, *à priori*, et *sans études préalables*, n'était pas tant
éloignée déjà du chiffre qui se présente aujourd'hui.

Toujours est-il, Monsieur le Préfet, que la somme totale de notre adjudication a été dépensée, et qu'il reste pour achever les travaux qui viennent d'être adjugés, à dépenser encore 500 peut être 400 mille fr.

Le projet qui a servi à cette dernière adjudication, est dressé à de légères modifications près, dans les conditions de celui qui a été dressé pour notre adjudication du 28 septembre 1835. La dépense a pu subir une augmentation résultant du surexhaussement de la levée, nécessité par la construction du pont suspendu et des digues transversales de Chalonnes ; mais, cette différence fut-elle de cent mille francs, ce qui ne peut-être, le restant des travaux n'en accuserait pas moins une dépense considérable à faire, une dépense imprévue au moment de l'adjudication.

D'ailleurs, et à part ce dernier projet, reportons-nous aux deux qui l'ont précédé, l'un, dressé par M. l'ingénieur Déglin, le 31 mars 1842, l'autre, par M. l'ingénieur Gallois, le 30 novembre de la même année ; et, quoique ces deux projets aient été dressés dans des conditions, sous le rapport de la dimension des ouvrages, bien inférieures à celles du projet adjugé en 1835, ne sommes-nous pas forcés encore, de reconnaître une dépense de 95,000 fr. dans un cas, et une dépense de 120,000 dans l'autre?

En résumé, qu'importe, Monsieur le Préfet, l'appréciation plus ou moins juste que nous avions faite de la dépense, pour constater les changements apportés dans notre adjudication du moment où il nous est possible de démontrer : 1° que ces changements existaient ; 2° que le chiffre de la dépense à laquelle ils devaient donner lieu, dépassait de plus d'un sixième celui de notre adjudication.

Cette démonstration, nous venons de la faire dans l'exposé des faits qui précèdent, résumée en chiffres comme ci-dessous (1), aux termes du certificat ci-joint, pièce n° 24, elle suffira, nous osons l'espérer, Monsieur le Préfet, pour mo-

(1) Montant de notre adjudication...	200,154 90
Dépenses exécutées jusqu'au 15 juin 1844, époque de l'adjudication Lasne..	319,708 02
DIFFÉRENCE................	119,553 12
Le sixième de 200,154 fr. 90 c. étant seulement de...................	33,359 15
IL RESTE EN PLUS..........	86,193 97
Et, si l'on ajoutait (ce qui devient ici superflu) le chiffre de la dépense restant à faire *pour achever les travaux*, et s'élevant, suivant l'adjudication du 15 juin 1844, à...	290,000 »
ON OBTIENDRAIT UN TOTAL DE.	376,193 97

tiver convenablement près de vous la justesse de nos réclamations, et mériter qu'il nous soit fait application de l'article 59 des conditions générales que nous invoquons à notre profit.

EN CONSÉQUENCE, et résumant les faits qui précèdent comme il suit :

1° *En ce qui concerne notre demande en indemnité, pour l'ouverture d'une nouvelle carrière à la Grande-Roche.*

Attendu qu'il est démontré que par suite d'une circonstance majeure, inattendue, et indépendante de notre volonté, nous nous sommes, en mai 1838, trouvés dans l'impossibilité la plus absolue d'extraire des matériaux dans la carrière qui nous avait été accordée par le devis, du moment où l'excavation pratiquée est parvenue au niveau des eaux de la Loire;

Attendu qu'il nous a été impossible de continuer l'extraction commencée dans la carrière que nous avions achetée, du moment où cette extraction ne produisait qu'un mètre de moellons pour 5^m 44^c de déchet;

Attendu que par ces motifs, et en raison de l'importance des approvisionnements qui nous étaient demandés par MM. les ingénieurs, nous nous trouvions dans l'obligation d'ouvrir une nouvelle carrière;

Attendu que l'importance des travaux exécutés par l'administration elle-même, démontre d'une manière incontestable, qu'il ne s'agissait point de la continuation d'une exploitation commencée, sur un banc de pierre découvert, mais bien d'exécuter, sur une grande échelle, des travaux préparatoires pour l'exploitation d'une nouvelle carrière;

Attendu que ces travaux préparatoires ont été reconnus, même par M. l'ingénieur en chef, dans son rapport du 15 février 1838, *comme n'ayant pas été prévus au moment de l'adjudication,* nous demandons, Monsieur le Préfet, qu'il nous soit fait application de l'article 22 des conditions générales, et qu'il vous plaise de déclarer que notre demande en indemnité était fondée, et qu'il y avait lieu de nous accorder la somme de 20,000 fr. que nous avions demandée.

2° *En ce qui concerne la résiliation pure et simple de notre adjudication :*

Attendu qu'au cours de nos travaux, notamment en 1836, des changements ont été opérés, par M. l'ingénieur de l'arrondissement du nord, dans les plans et nivellements qui avaient servi pour notre adjudication, et, que de ces changements, et de tous autres survenus depuis, il est résulté une augmentation très notable dans le chiffre de la dépense;

Attendu qu'il est démontré par la quantité des travaux, exécutés indépendamment même de ceux qui viennent d'être adjugés, après la dépense consommée du montant de notre adjudication, que ce chiffre de dépense dépasse de plus d'un sixième le montant de notre adjudication ;

Attendu les réserves que nous avons faites près de vous, Monsieur le Préfet, notamment les 16 juillet 1838, 22 février, 28 décembre 1840, et le 2 juillet 1842 ;

Attendu l'article 59 des conditions générales du 25 août 1833 ;

Nous demandons, qu'il vous plaise de déclarer que nous étions dès le 13 mai 1838, fondés en droit, à demander la résiliation pure et simple de notre adjudication ; qu'il y a lieu aujourd'hui, à défaut de l'indemnité que nous vous avons demandée, de nous accorder cette résiliation, et, que la faisant remonter par un effet rétroactif, au 13 mai précité, il nous sera tenu compte, avec l'intérêt légal, de toutes les sommes qui nous étaient dues alors, soit pour travaux exécutés, soit pour toute autre cause.

Avant de terminer, nous croyons devoir vous prier de remarquer, Monsieur le Préfet, que si nous avons rédigé d'aussi longues observations, si nous sommes entrés dans tant de détails, c'est que nous désirions éclairer votre justice *d'un seul coup*, et que si, d'un autre côté, nous nous sommes arrêtés à réclamer des sommes très minimes, c'est que, lors même que vous nous accorderiez aujourd'hui, le montant total, et sans aucune diminution, de toutes nos réclamations, ce que nous attendons de votre justice, c'est qu'il n'en restera pas moins, pour nous, une perte irréparable, celle qui résulte de la non-jouissance de nos fonds depuis *six années révolues*, perte considérable, tant sous le rapport des intérêts que ces fonds nous auraient produits, que sous celui résultant de telles ou telles entreprises, qu'avec leur secours, nous aurions pu prendre.

Puisse cette dernière considération, jointe à la position difficile et tout exceptionnelle, dans laquelle le désir de nous rendre utiles nous a entraînés en 1833, vous faire lire avec un œil bienveillant l'exposé qui précède de nos réclamations, et nous donner droit à une prompte justice !

Dans cet espoir, nous vous prions de vouloir bien agréer,

Monsieur le Préfet,

L'hommage de nos sentiments les plus respectueux,

TARDIF-DESVAUX.

Au Mans, le 25 juillet 1844.

RAPPORTS.

RAPPORT

DE

M. L'INGÉNIEUR GALLOIS.

RAPPORT sur le Décompte du sieur Tardif-Desvaux, depuis le commencement de son entreprise, jusqu'à l'époque de la mise en Régie, au 16 Juillet 1838.

EXPOSÉ DE LA QUESTION.

Les travaux commencés en 1835 , par le sieur Tardif-Desvaux, ont été conduits par lui jusqu'au 13 mai 1838, époque à laquelle cet entrepreneur demanda la résiliation de l'adjudication, en se fondant sur ce que les changements apportés dans l'exécution des travaux par MM. les ingénieurs du service ordinaire, alors chargés de ces levées, augmenteraient de 3 à 4 cent mille fr. la dépense prévue.

Sa réclamation fut rejetée comme non assez positivement motivée, et M. le Préfet rendit le 25 juin 1838, un arrêté de mise en demeure, qui fut approuvé le 10 juillet suivant, par M. le sous-secrétaire d'état des travaux publics.

Les dispositions de cet arrêté n'ayant pas été remplies, un autre fut pris le 16 juillet de la même année, pour organiser la régie.

Depuis cette époque, l'entrepreneur ne voulut plus prendre aucune part à l'exécution des travaux, et se borna à demander le décompte des ouvrages exécutés avant la mise en régie, désirant s'appuyer sur le montant de la dépense faite, pour demander que cette régie ne fût pas maintenue en son nom et fût considérée comme étant au compte de l'état.

Un premier décompte fut rédigé le 13 septembre 1838, par M. l'ingénieur ordinaire de Bormans, il montait à 89,900 fr. 16 c., et fut refusé par le sieur Tardif-Desvaux. Cet entrepreneur demandait la communication de plusieurs pièces qui lui permissent de vérifier le décompte et fixer le montant de ses réclamations.

Deux autres décomptes dressés, l'un le 23 août 1839, par M. de Bormans, et l'autre le 13 mars 1842, par M. l'ingénieur en chef Lemierre, furent également refusés par l'entrepreneur, attendu qu'ils étaient basés sur les états de situation de fin d'année 1837, non acceptés par lui. Du reste, le sieur Tardif-Desvaux, ne s'occupa pas des dépenses faites par la régie et les tâcherons, et ne traita que la question des ouvrages exécutés jusqu'au 13 mai 1838.

POINTS A DISCUTER.

Nous n'avons donc à discuter que ce qui se rapporte à ces dernières ouvrages, puisque c'est la seule partie du décompte sur laquelle l'entrepreneur ait fait des réclamations.

Après avoir étudié et comparé les situations de fin d'année, et les différents décomptes fournis, nous avons cru devoir considérer comme exacts tous les cubes portés au décompte de M. l'ingénieur de Bormans, du 13 septembre 1838.

Les cubes ont été également acceptés par l'entrepreneur, qui a seulement réclamé sur plusieurs points que nous allons traiter séparément, et que nous pouvons diviser en quatre classes distinctes.

1° Réclamations fondées en droit et en équité.

2° Réclamations fondées en équité et non en droit.

3° Réclamations sans fondement.

4° Enfin, réclamations dont nous n'avons pu exactement apprécier la justice.

PREMIÈRE CLASSE.

N° 1. Les terres employées en rechargement et portées en tête du présent décompte, s'élèvent à 1,298^m cubes. Dans cette circonstance particulière, ce cube n'a pas été constaté par les procédés ordinaires, soit au moyen des fouilles, soit au moyen des profils : M. Duffaud, ingénieur chargé des travaux, exigea que les emmétrages fussent faits dans des caisses en bois. C'est une dépense en matériel et en main-d'œuvre, qui ne pouvait être prévue dans les sous-détails, puisqu'elle sort de toutes les habitudes. Nous avons cru devoir en tenir compte à l'entrepreneur, et nous avons porté contradictoirement avec lui, le prix de l'emmétrage à 0 fr. 15 c. du mètre cube.

N° 2. Un autre point sur lequel la réclamation est fondée, c'est sur le 1/40e à compter pour déchet : lors du déplacement des pierres d'après le sous-détail n° 17 de la série supplémentaire, ce 1/40e avait été omis dans le décompte du 13 septembre 1838, pour le déplacement de 96^m cubes de pierres à la Jametrie, et de 234^m cubes à la lacune des Bonneaux. Nous avons réparé cette omission dans notre décompte.

DEUXIÈME CLASSE.

N° 3.   La seule réclamation que nous croyons devoir ranger dans cette catégorie, est celle fondée sur une erreur de sous-détail. Nous savons, qu'en droit, on peut rejeter toute demande sous ce rapport : toutefois nous croyons devoir appuyer celle de l'entrepreneur, parce qu'elle est basée sur l'équité.

Le transport du mètre cube de la pierre de Montjean, a été compté dans le sous détail n° 5 de l'adjudication, à raison de 1,000^m, en remontant jusqu'à l'extrémité de la levée, près de la Jamétrie ; or, cette distance a été vérifiée et reconnue de 2,000^m de transport ; donc, une augmentation de 1,000^m de transport à la rémonte, ce qui fait au prix du sous-détail, y compris le 1/10e de bénéfice, 0 fr. 44 c. à ajouter par mètre cube, pour la pierre de Montjean.

Le cube total de cette pierre employée par l'entrepreneur, s'élève suivant le décompte ci-joint, à 4,637^m 250^c, lesquels à raison de 0 fr. 44 c. , donne une somme de 2,040 fr. 39 c.

TROISIÈME CLASSE

N° 4.   Une première réclamation tombe d'elle-même , en examinant le décompte du sieur Tardif-Bessvaux : c'est le prix de 0 fr. 17 c. , pour l'emploi en enrochements de 1,483^m 750^c cubes de pierre de Montjean, à la lacune de la Jamétrie. Cette pierre lui a été comptée à 3 fr. 87 c. , dans le décompte de M. de Bor maus , à l'article des approvisionnements , l'entrepreneur compte la pierre à 3 fr. 70 c. , le prix de 3 fr. 87 c. comprend donc l'emploi en enrochements.

N° 5.   La deuxième réclamation , a rapport au prix du mètre cube de cendre de chaux : Dans les sous-détails supplémentaires dressés par M. l'ingénieur en chef Prus , le 4 juillet 1837, et acceptés par l'entrepreneur, ce prix est fixé à 14 fr. 06 c. ; l'entrepreneur demande 16 fr. 94 c. , en se fondant sur ce qu'il a été obligé de prendre la cendre de chaux à Savennières , parcequ'il n'a pu en trouver aux fours de Montjean.

Comme ces fours n'ont pas cessé de fonctionner, il n'y a pas là cas de force majeure , et nous croyons devoir rejeter cette demande.

QUATRIÈME CLASSE.

N° 6   Les réclamations que nous rangeons dans cette classe, se rapportent presque toutes à un fait , sur lequel nous n'avons pu avoir de renseignements assez positifs, pour donner un avis motivé. Des approvisionnements de pierres avaient été déposés sur les chantiers, vis-à-vis de l'emplacement de la levée à construire à la Jamétrie. L'entrepreneur pressé d'exécuter le travail, a pris les remblais dans l'intérieur de la levée, et l'année suivante, il a transporté les déblais des chantiers, dans une autre partie; il demande que le transport de ces déblais lui soit compté.

M. l'ingénieur Duffaud à toujours refusé de le faire, et a considéré cet excès de transport, comme provenant d'une fausse manœuvre.

Nous sommes obligés de laisser cette question indécise, parce que nous n'avons pu recueillir assez de documents, et nous laissons à l'administration, le jugement de la question, qui sera peut-être éclaircie par la réclamation détaillée du sieur Tardif-Desvaux.

Le montant des sommes demandées pour ces déplacements, s'élève à 1,680 fr. pour les terrassements, et 346 fr. 43 c. pour les déplacements de pierres.

N° 7.   L'entrepreneur demande également qu'on lui compte en régie des travaux de défense, contre les crues de décembre 1836. Ces ouvrages ont été estimés d'après des métrés qui, à la vérité, nous semblent approximatifs, surtout pour les terrassements, mais, dont rien ne nous prouve l'inexactitude; d'un autre côté, les dépenses faites en journées, n'ont été constatées sur aucun état : nous ne voyons donc aucun motif qui puisse faire pencher d'un côté plutôt que de l'autre.

N° 8.   La dernière réclamation du sieur Tardif-Desvaux, concerne un cube de 732^m 80^c de pierres de déchets de perrés, bonne pour la bâtisse et qui restaient sur la carrière de la Grande-Roche, au moment de la mise en régie.

Ce cube a été constaté, et les sieurs Pellé et Bouvet, tâcherons de la régie, l'ont vendue à leur profit. Nous croyons donc que l'administration doit-être étrangère à cette affaire, et que c'est aux sieurs Bouvet et Pellé, que l'entrepreneur doit s'adresser pour le prix de cette pierre : par suite nous l'avons laissée en dehors du décompte.

Angers, le 13 mai 1844.

Signé, GALLOIS.

RAPPORT

DE

M. L'INGÉNIEUR EN CHEF PRUS.

———

Angers, 18 octobre 1844.

Monsieur le Préfet,

MM. les ingénieurs du service spécial de la Loire, dans les attributions desquels les digues de Savennières se trouvent placées, ont répondu dans deux rapports, l'un du 13, et l'autre du 25 mai 1844, aux observations présentées par le sieur Tardif, sur le décompte de son entreprise. Le conseil de préfecture désire avoir mon avis sur différents points, qui n'ont pas obtenu une complète solution et sur lesquels il a besoin d'être fixé pour établir son jugement.

Après les avis donnés par MM. Jégou et Gallois, je ne puis intervenir dans l'instruction de cette affaire qu'à titre de renseignements, et seulement, pour fournir à la discussion, les éléments qui lui manquent.

Sur le premier point :

N° 1. Le sieur Tardif demande qu'il lui soit tenu compte d'une augmentation de parcours de 750 mètres, pour le transport de la pierre de Montjean à la Jamétrie.

En droit, la demande du sieur Tardif ne peut-être admise, parce que l'article 11 des clauses et conditions générales, s'oppose formellement à toutes modifications du prix du sous détail ; mais, j'ai pu, comme il le rapporte, lui donner l'assurance que j'appuyerais sa réclamation comme étant basée sur l'équité. L'erreur de distance qu'il signale ayant été officiellement constatée, il peut lui être tenu compte, par voie gracieuse, de la somme portée à cet article dans son mémoire.

N° 2. Le deuxième point, porte sur le déplacement de 260ᵐ cubes de moellon, et sur des transports de terre à différentes distances non prévus au devis et occasionnés par le changement de courbe de la Jamétrie :

La modification a eu effectivement lieu tel que l'indique l'extrait du plan certifié conforme, qui figure au dossier, et sur lequel on a rapporté géométriquement les cubes que l'entrepreneur a été obligé de déplacer.

Le sous-détail supplémentaire du 4 juillet 1837, comprend des prix pour déplacement de matériaux et pour mouvement de terrassement, qui devaient être appliqués à cette partie des travaux. Il ne peut y avoir, à cet égard, de difficultés que dans la valeur des cubes et la distance des transports. Sur ce point, le conducteur des travaux M. Huc, confirme les dires de l'entrepreneur; il restera au conseil à apprécier la valeur de cette assertion, en laquelle nous déclarons avoir toute confiance, par la connaissance personnelle que nous avons du caractère de ce conducteur.

N° 3.   Le troisième point, est relatif aux travaux de défense de la levée pendant la crue de 1836. Le sieur Tardif demande qu'il lui soit tenu compte du travail exécuté à la journée :

Cette dépense figure au décompte général de l'entreprise : les ouvrages ont été estimés d'après des métrés avec application du prix, par analogie. Je ne vois pas de motifs pour changer le mode suivi. L'entrepreneur pouvait contester le métré ; mais, il n'est pas admis dans cette circonstance à réclamer contre la manière dont l'administration a cru devoir procéder.

Sur le quatrième point :

N° 4.   Le sieur Tardif réclame le paiement de 732^m 80^c cubes de pierre de déchet qu'il avait sur la carrière de la Grande-Roche, au moment de la régie, et qui ont été vendus par les tâcherons Pellé et Bouvet.

Le cube de pierre réclamée par le sieur Tardif a été constaté ; il provenait du déchet des matériaux de choix, qu'aux conditions du devis, il devait employer aux perrés. Ces pierres ayant été refusées comme impropres aux travaux, elles devenaient la propriété de l'entrepreneur qui pouvait en disposer à son profit, avec l'autorisation de l'administration.

Les sieurs Pellé et Bouvet, tâcherons de la régie, ont continué les travaux aux conditions d'exécution prescrites par l'adjudication; ils n'ont pu être payés par l'état des matériaux que l'ingénieur avait refusés.

Je pense que le sieur Tardif est fondé à exercer son recours envers l'administration, qui devra retenir le prix de cette pierre aux sieurs Pellé et Bouvet, lesquels, en définitive, demeurent responsables de cette somme.

N° 5.   Le cinquième point, concerne le matériel laissé par le sieur Tardif sur son entreprise, et qu'il estime 2,000 fr.

Le détail des objets laissés par le sieur Tardif, figure au décompte général ; la valeur est portée à 1,082 fr. 35 c. Le sieur Tardif ne conteste pas les quantités, ni le prix ; il produit un chiffre de 2,000 fr., sans indiquer la manière dont il a été formé. L'estimation du décompte me paraît suffisante.

Il aurait fallu pour procéder régulièrement, que l'entrepreneur présentât une estimation contradictoire ; il objecte qu'il n'a pas été instruit de cette formalité. L'administration ne peut que maintenir son décompte, n'ayant aucun moyen de vérifier le chiffre présenté par le sieur Tardif.

Je suis avec respect.....

L'ingénieur en chef, précédemment chargé du service du département.

Signé, PRUS.

DÉCOMPTE.

Décompte Général

DES TRAVAUX EXÉCUTÉS PAR L'ENTREPRENEUR DEPUIS LE
28 SEPTEMBRE 1835, COMMENCEMENT DE SON ENTREPRISE,
époque de la mise en régie,
Jusqu'au 15 mai 1838,

INDICATION DES TRAVAUX, FOURNITURES ET APPROVISIONNEMENTS.	SOMMES PORTÉES à l'état de M. l'Ingr Gallois.	SOMMES PORTÉES à l'état de l'entrepreneur.	DIFFÉRENCE par articles.	DIFFÉRENCE par totaux.	OBSERVATIONS.
TERRES POUR RECHARGEMENT.					
1085m cubes de terre transportée à 2323m de distance, à 2 fr. 77 c., sous-détail N° 2	3008 22	3008 22	» »		
200 id. à 1175 id. à 1 98 id.	396 00	396 00	» »		
12m id. à 1000 id. à 2 00 id.	25 08	25 08	» »		Réclamation admise dans le décompte de M. l'ingénieur Gallois : voir le N° 1 de son rapport, et le N° 1 de nos observations du 23 juillet 1844.
Emmétrage des 1298m à raison de 0 fr. 15 c. l'un	194 70	194 70	» »		
	3621 00	3621 00			
RELEVÉS A BOUT DE PERRES.					
878m carrés de perrés, à raison de 0 fr. 70 c. l'un, sous détail N° 18	450 81	450 81			
LACUNE DE LA BOULE D'OR.					
10 m 30c cubes de pierre de Montjean, employée en 1837 à 5 fr. 03 c. (6 fr. 27 c.)	61 22	65 83	4 60		Réclamation reconnue admissible : voir le N° 5 du rapport de M. l'ingénieur Gallois, le N° 1 de celui de l'ingénieur en chef Frus, et le N° 2 de nos observations précitées.
11 m 76c cubes de pierre de la Grande-Roche, à 5 fr. 56 c. l'un, sous-détail N° 3	65 39	65 38	» »		
	126 61	131 21		4 60	
BRECHE DES GRANDS-CHAMPS.					
1031 m 30c carrés de perrés, à 0 fr. 62 c. l'un; sous-détail N° 4	653 67	653 67	» »		
309 m cubes de pierre de la Grande-Roche, à 4 fr. 81 c., sous-détail N° 3	1774 89	1774 89	» »		
80 m cubes de terre, prise à 700m de distance, à 1 fr. 30 c., sous-détail N° 2	101 00	101 00	» »		
242 m cubes de pierre de la Grande-Roche, déposée en 1836, à 4 fr. 81, sous-détail N° 3 et 5	1168 83	1168 83	» »		
33 m 80c cubes de la même pierre, déposée en 1837, à 4 fr. 81 c., Id.	162 87	162 87	» »		
	3864 26	3864 26			
A Reporter	8065 71	8070 31		4 60	

INDICATION DES TRAVAUX, FOURNITURES ET APPROVISIONNEMENTS.	Sommes portées à l'état DE M. L'ING' GALLOIS.	Sommes portées à l'état DE L'ENTREPRENEUR.	DIFFÉRENCE par ARTICLES.	DIFFÉRENCE par TOTAUX.	OBSERVATIONS.
Report	8005 71	8070 31		4 60	
BRECHE DE LA GAUTRAIE.					
401m 97c carrés de perrés, à 0 fr. 62 c. l'un, sous-détail N° 4	249 22	249 22	» »		
140m cubes de pierre, employée aux perrés, à 4 fr. 61 c. l'un, sous-détail Nᵒˢ 3 et 5	652 80	652 80	» »		
150m cubes de remblais, pris à 900m de distance, à 1 fr. 47 c. l'un, sous-détail N° 2	205 80	205 80	» »	» »	
	1107 82	1107 82			
BRECHE DE LA CORVÉL.					
240m cubes de pierre de Montjean, pour enrochement, à 4 fr. 39 c. (4 fr. 61 c.), sous-détail N° 5 . . .	1053 60	1106 40	32 80		N° 2 Même observation que celle N° 1 qui précède.
240m Id. pour main d'œuvre, à 0 fr. 17 c. l'un, sous-détail N° 6 . . .	40 80	40 80	» »		
	1094 40	1147 20		32 80	
BRECHE DE LA CROIX-VERTE.					
160m cubes de pierre de Montjean, pour enrochement, à 4 fr. 20 c. (4 fr. 61 c.), sous-détail N° 5 . . .	672 00	742 40	70 40		N° 3 Même observation que celle N° 1.
160m Id. pour main d'œuvre, à 0 fr. 17 c. l'un, sous-détail N° 6 . . .	27 20	27 20	» »		
16m Id. de la Grande-Roche, pour perré, à 6 fr. 45 c. l'un, sous-détail N° 3 . . .	101 60	101 60	» »		
	800 80	871 20		70 40	
LACUNE DE LA JAMÈTRIE.					
595m cubes de pierre, pour déplacement, à 0 fr. 22 c. l'un, sous-détail N° 13 . . .	130 90	130 90	» »		
1/10 pour déchet, 44m 88c, à 6 fr. 59 c., sous-détail N° 3 . . .	98 06	98 06	» »		
13208m cubes de remblais des Vroux, à 1 fr. 80 c., sous-détail Nᵒˢ 1 et 2 . . .	23775 10	23775 10	» »		Cette différence provient d'une erreur dans la composition du prix du transport, erreur qui s'est glissée dans le décompte de M. l'ingénieur Gallois, et qui nous avait échappé lors de nos réclamations du 25 juillet 1844. Cette erreur doit être rectifiée à notre profit.
653m cubes de remblais des Grèves, à 1 fr. 21 c., sous-détail N° 13 . . .	790 13	790 13	» »		
2001m cubes Id. des Chantiers, à 0 fr. 46 c. (0 fr. 56 c.) . . .	920 46	1120 56	200 10		N° 4
230m cubes Id. Id. à 0 fr. 56 c. . . .	110 00	110 00	» »		
Dont ensuite,					
1000m cubes transportés en voiture, à 180m 40, en aval, à 0 fr. 85 c. l'un . . .	» »	850 00	850 00		Réclamation admise : voir le N° 6 du rapport de M. Gallois, le N° 2 de celui de M. l'ingénieur en chef Feus, et le N° 6 de nos observations précitées.
1000m cubes transportés en voiture, à 180m en amont, à 0 fr. 83 c. l'un . . .	» »	830 00	830 00		N° 5
À Reporter	23803 95 11068 73	27731 03 11196 24	1988 10	127 80	

INDICATION DES TRAVAUX, FOURNITURES ET APPROVISIONNEMENTS.

INDICATION DES TRAVAUX, FOURNITURES ET APPROVISIONNEMENTS	SOMMES PORTÉES — À l'état de M. l'ingr Gallois		À l'état de l'entrepreneur		DIFFÉRENCE — Par articles	Par totaux	OBSERVATIONS
Report.	28853 95	11058 73	27734 03	11196 53	1480 10	127 80	
1200m cubes de terre des Froux pour les rampes, à 1 fr. 80 c., sous-détail Nos 1 et 2	2160 00		2160 00		» »		
85m cubes Id. à 1 fr. 14 c. Id.	122 40		122 40		» »		
6568m carrés de perrés, à 0 fr. 62 l'un.	4072 16		4072 16		» »		
2495m 84c cubes de pierre de la Grande-Roche, à 6 fr. 39 c., sous-détail N° 3	16447 58		16447 58		» »		
1412m 75c cubes de pierre de Montjean, à 3 fr. 87 c. (4 fr. 31), sous-détail N° 3	5467 34		6088 95		621 61		N° 6 Même observation que celle N° ... Cette différence provient d'une erreur de calcul que nous avions faite dans notre décompte: voir le N° 4
1412m 75c cubes Id. pour main d'œuvre, à 0 fr. 17 c., sous-détail N° 6.	» »		240 16		240 16		N° 7 ... rapport de M. l'ingénieur Gallois, le N° 3 de nos observations.
983m cubes de draguage, à raison de 0 fr. 87 c. l'un, sous-détail N° 14	855 21		855 21		» »		N° 8 Cette différence provient d'une erreur dans le décompte de M. l'ingénieur Gallois, décompte dans lequel on a omis de constater le transport de 983m cubes de draguage. Cette erreur qui nous avait échappé lors de nos réclamations en juillet 1844 doit être rectifiée à notre profit.
983m cubes Id. Id. de 0 fr. 36 c. l'un	» »		550 48		550 48		
471m cubes de moellons, déplacés à 200m, à 0 fr. 64 c., sous-détail N° 16.	322 62		322 62		» »		
Déchet : 7m 50c cubes à 6 fr. 39 c., sous-détail N° 17.	49 42		49 42		» »		
938m cubes de pierre, déplacés du pied au sommet de la levée, à 0 fr. 22 c., sous-détail N° 15.	210 76						
23m 95c cubes Id. de la Grande-Roche, pour déchet, à 6 fr. 39 c., sous-détail Nos 3 et 17.	157 83					240 29	N° 9 Voir le n° 7 du rapport de M. Gallois, le N° 3 du celui de M. l'ingénieur en chef Pras, le N° 7 de nos observations complétées par notre lettre ce jour.
188m cubes de terre : 2m par mètre courant de sable relevé, à 0 fr. 46 c., sous-détail N° 1	224 48		438 40				
275 journées, pour déplacement de la pierre, à 1 fr. 60 c.			236 80				
148 journées, pour relèvement de terre, à 1 fr. 60 c.			158 16				
Déchet : 24m cubes de pierre de la Grande-Roche, à 6 fr. 39 c.							
96m cubes de pierre de Montjean déplacée, à 0 fr. 22 c., sous-détail N° 15.	21 12		21 12		» »		N° 10 Même observation que celle N° 1
Déchet : 2m 40c cubes, à 3 fr. 87 c. (4 fr. 31 c.), sous-détail N° 5.	9 29		10 31		1 03		N° 11 Même observation que celle N° 1
71m cubes de pierre de Montjean, mise en enrochement, à 3 fr. 87 c. (4 fr. 31 c.), N° 3	271 77		306 01		34 24		N° 12 Même observation que celle N° 7
71m cubes Id. pour main d'œuvre, à 0 fr. 17 c. l'un.	» »		12 07		12 07		

DÉPLACEMENT DE PIERRES DANS LA COURBE DE LA JAMÉTRIE.

INDICATION	Gallois	Entrepreneur	Diff. articles	Diff. totaux	OBSERVATIONS
110m cubes de pierre de Montjean, transportée en bateau à 320m en descendant, à 0 fr. 70 c.	» »	224 00			
Déchet : 3m 30c, à 4 fr. 31 c.	» »	15 08			
120m cubes, de la Grande-Roche, transportée en bateau à 380m en descendant, à 0 fr. 73 c.	» »	87 60		316 45	N° 13 Réclamation admise : voir le N° ... du rapport de M. Gallois, le N° 3 celui de M. l'ingénieur en chef Pras et le N° 5 de nos observations.
Déchet : 3m cubes, à 6 fr. 39 c. l'un.	» »	19 77			
A reporter.	56248 93	60172 38		3923 45	
	67347 66	71328 91		4031 25	

INDICATION DES TRAVAUX, FOURNITURES ET APPROVISIONNEMENTS.	SOMMES PORTÉES		DIFFÉRENCE		OBSERVATIONS.
	À L'ÉTAT DE M. L'ING.' GALLOIS.	À L'ÉTAT DE L'ENTREPRENEUR.	PAR ARTICLES.	PAR TOTAUX.	
REPORT.....	67317 66	71361 91		4031 23	
LACUNE DES DONNEAUX.					
951m 11c cubes de pierre déplacée, à 0 fr. 22 c., sous-détail N° 15	209 21	209 21	" "		
23m 77c Id. pour déchet, à 6 fr. 17 c., sous-détail N° 3 et 17	146 66	146 66	" "		
234m Id. de Montjean, pour déplacement, à 0 fr. 22 c., sous-détail N° 5	51 48	51 48	" "		
Déchet : 5m 85c cubes Id. à 1 fr. 58 c. (5 fr. 02 c.), sous-détail N° 5	26 79	29 36	2 57		N°14 Même observation que celle N°1.
428m cubes Id. pour main d'œuvre d'enrochement, à 0 fr. 17 c., sous-détail N° 6	73 76	72 76	" "		
1140m cubes de remblais des Grèves, à 1 fr. 21c sous-détail N° 13	1379 40	1379 40	" "		
	1886 33	1888 90		2 57	
REPARATIONS FAITES EN 1837.					
45m carrés de pavage avec cendre de chaux, à la Croix-Verte, à 3 fr. 89 c. (4 fr. 39 c.)	151 35	197 35	36 00		Voir le N° 5 du rapport de M. l'ingénieur Gallois, le N° 4 de nos observations, et le N° 22 des pièces justificatives.
30m carrés de pavage Id. à la Boire-Guichard, à 3 fr. 39 c. (4 fr. 37)	107 70	131 10	23 40		N°16 Même observation que celle N°15.
30m carrés de pavage Id. à la Boire-Boileau, à 4 fr. 47 c. (5 fr. 53 c.)	131 10	165 90	34 80		N°17 Même observation que celle N°15.
	303 55	454 35		94 30	
LACUNE DE L'OIE PELÉE.					
93m cubes de pierre, déplacée en janvier 1838 (pierre de la Grande Roche), à 0 fr. 22 c.	20 46	20 46	" "		
Déchet : 2m 32c cubes, à 5 fr. 93 c.	13 79	13 79	" "		
	34 25	44 25		" "	
FOURNITURE DE MATÉRIAUX.					
LACUNE DE L'OIE PELÉE.					
987m 71c cubes de pierre de la Grande Roche, à 5 fr. 93 c., sous-détail N° 3	5878 48	5878 48	" .		
219m cubes Id. depuis le 1 juin, à 5 fr. 93 c.	1298 67	1298 67			
	7137 15	7137 15			
A. REPORTER.	67637 27	73786 64		1131 09	

INDICATION DES TRAVAUX, FOURNITURES ET APPROVISIONNEMENTS.

INDICATION DES TRAVAUX, FOURNITURES ET APPROVISIONNEMENTS	SOMMES PORTÉES à l'état de M. l'Ingr Gallois		SOMMES PORTÉES à l'état de l'entrepreneur		DIFFÉRENCE par articles	DIFFÉRENCE par totaux	OBSERVATIONS
REPORT.	7137 15	69044 59	7137 15	73736 01	» »	4143 02	
1006m cubes de pierre de Montjean, à 5 fr. 06 c. (5 fr. 50 c.), sous-détail N° 5	5393 96		5863 00		469 04		N° 18 Même observation que celle N° 4.
934m cubes Id. de la Grande-Roche, à 5 fr. 06 c. (5 fr. 50 c.), Nos 3 et 5.	4726 04	17277 15	5099 64	18119 79	373 60	842 64	N° 19 Même observation que celle N° 4. Voir aussi le N° 13 des pièces justificatives.
LACUNE DES DONNEAUX.							
951m 11c cubes de pierre de la Grande-Roche, à 6 fr. 17 c., sous-détail N° 3.	5868 35		5868 35		» »		
1000m cubes Id. de Montjean, à 4 fr. 58 c. (3 fr. 02 c.), N° 5.	4580 00	10448 35	5020 00	10888 35	440 00	440 00	N° 20 Même observation que celle N° 1.
LACUNE DE LA JAMÉTRIE.							
1158m cubes de pierre de la Grande-Roche, à 6 fr. 59 c., sous-détail N° 3.	7631 22		7631 22		» »		
652m Id. de Montjean, à 3 fr. 70 c. (4 fr. 14 c.), sous-détail N° 5	2412 40		2699 28		286 88		N° 21 Même observation que celle N° 1.
23m cubes de pierres cassées pour empierrement, à 5 fr. 03 c. (5 fr. 05), N° 5.	131 23		141 23		10 00		N° 22 Même observation que celle N° 1.
20m cubes de cendre de choux, à 14 fr. 06 c. (16 fr. 94 c.), sous-détail N° 19	281 20		338 80		57 00		N° 23 Même observation que celle N° 15.
15m cubes de pierre au-delà des Donneaux, à 6 fr. 38 c., sous-détail N° 3.	95 70	10551 77	95 70	10906 23	» »	354 46	
732m 80c cubes de pierre à la carrière de la Grande-Roche, à 2 fr. 07 c. l'un				1516 89		1516 89	N° 24 Réclamation admise : voir le N° du rapport de M. l'ingénieur Gallois, le N° 5 du celui de M. l'ingénieur en chef Prus, et le N° 8 de nos observations du 23 juillet 1844.
TOTAL.		107918 86		115217 89		7299 03	
A déduire pour main d'œuvre :							
1° De 1112m 78c cubes d'enrochement, portés en trop : (observation N°).				210 16			
2° De 71m cubes Id. Id.				12 07		232 23	
Reste				114965 66		7016 80	
Rabais à raison de 0 fr. 175 c.		18885 80		20118 99		1233 19	
Reste		89033 06		94816 67		5813 61	

INDICATION DES TRAVAUX.

FOURNITURES ET APPROVISIONNEMENTS.

	Report. . . .	
Dépenses faites en régie.	1836 { Journées à l'Ouchenil	148 96
	Suivant les états	2846 45
		2995 41
	3/40 pour avances de fonds et fournitures	224 65
	1837 { État N° 1, 18 août 1837	99 10
	État N° 2, 10 septembre 1837	87 00
	État N° 3, 9 octobre 1837	75 00
		261 10
	Un 50° pour avances de fonds	6 51

Total pour travaux

Pour le matériel laissé sur les ateliers : Suivant l'état détaillé du 13 mai 1844 . . . . . .

Total général

*Le présent décompte montant à la somme totale de
Dressé et présenté par l'Entrepreneur soussigné.*

| SOMMES PORTÉES | | DIFFÉRENCE | | OBSERVATIONS. |
À L'ÉTAT DE M. L'INGR GALLOIS.	À L'ÉTAT DE L'ENTREPRENEUR.	PAR ARTICLES.	PAR TOTAUX.	
890053 00	94846 67		5813 61	
3220 07				
3187 70	3187 70		.. ..	
267 63				
92320 76	98334 37		5813 61	
1082 35	2000 00		917 65	N° 25 Voir le N° 5 du rapport de M. l'ingénieur en chef Prus, le N° 9 de nos observations de juillet et notre lettre de ce jour.
93603 11	100334 37		6731 26	

cent mille trois cent trente-quatre francs, trente-sept centimes.

Au Mans, le premier novembre mil huit cent quarante-quatre.

TARDIF-DESVAUX.

PIÈCES JUSTIFICATIVES.

PIÈCES JUSTIFICATIVES.

PIÈCE N° 1.

Je, soussigné, reconnais et déclare que ce n'a été que par complaisance, et par suite de l'intérêt que je porte aux sieurs Pellé François et Julien Bouvet, que j'ai consenti à soumissionner les travaux des digues de Savennières, qui viennent de m'être adjugés moyennant un rabais de 17 centimes et demi par franc, rabais qui m'a été fixé par les susdits Pellé et Bouvet avant l'adjudication.

Je déclare ici, par honneur et par conscience, que les sieurs Pellé et Bouvet sont seuls les entrepreneurs *de fait*, des travaux qui font l'objet de l'adjudication passée en ma faveur, et que tous ces travaux demeurent, à partir de ce jour, à leurs risques, périls ou bénéfices.

Je déclare en outre, que je me suis chargé d'ordonner, d'après l'administration, tous les travaux, d'en faire le tracé, d'effectuer, soit par moi, soit par un employé, le payement des ouvriers et des fournisseurs, d'établir des états mensuels de la situation des travaux, enfin de tenir toute la comptabilité.

Pour aider au succès de l'entreprise, comme aussi pour mettre à l'abri de toute atteinte morale ma réputation d'entrepreneur, et dans la crainte d'une réadjudication, je demeurerai l'entrepreneur aux yeux de l'administration ; je me charge, en conséquence, de correspondre avec elle, et généralement, de faire auprès d'elle, comme partout ailleurs, toutes les démarches que je croirai utiles aux travaux, et que je ferais pour moi-même en pareille circonstance.

MM. Pellé et Bouvet ont pris l'engagement de se conformer, pour l'exécution de travaux à faire, aux plans, devis, nivellements, ordres de service qui leur seront transmis par moi, et à tout ce qui sera imposé pendant le cours de l'adjudication par MM. les ingénieurs ou leurs employés, tant pour les changements qui seraient ordonnés, que pour les démolitions et reconstructions qui seraient jugées nécessaires.

MM. Pellé et Bouvet se sont engagés en outre :

1° A fournir exactement et régulièrement les fonds nécessaires pour satisfaire au payement des ouvriers et des fournisseurs.

2° A assister tous les deux à ces payements, soit qu'ils soient effectués par moi, soit qu'ils le soient par l'un d'eux, en ma présence.

3° A me fournir tous renseignements relatifs aux travaux exécutés, comme aussi à me remettre toutes les pièces nécessaires à la comptabilité.

4° Enfin, à faire généralement, jusqu'après la réception définitive des travaux, tout ce qu'un entrepreneur des ponts-et-chaussées est tenu de faire pour remplir consciencieusement et en homme d'honneur les conditions de son marché.

Dans le cas où, par suite de négligence, mauvaise foi, ou lenteur dans la marche des travaux, l'administration viendrait à en ordonner la résiliation, les pertes en seront supportées par celui qui aura occasionné cette mesure administrative.

Le présent sous-seing demeurera entre les mains de M. Rousseau, notaire à Chalonnes, qui est choisi par les soussignés pour être juge, *sans uppel*, de toutes les contestations qui pourraient s'élever au sujet de l'exécution des clauses qu'il contient : il ne pourra être communiqué qu'en présence des trois contractants.

Signé, TARDIF-DEVAUX, François PELLÉ, pour lui et pour Julien BOUVET.

A Angers, le 28 septembre 1835.

PIÈCE N° 2.

ÉTAT INDICATIF DES TRAVAUX à faire sur les digues de Savennières pendant la campagne 1835.

1° Jetter en enrochement (aux frais du sieur Bommer) 51 mètres cubes de pierre approvisionnée par lui, près de la Jamétrie.

2° Approvisionner sur la lacune de la Jamétrie (pierre de perré) 400ᵐ 00
3°   —   sur la même lacune (pierre d'enrochement)........... 400   00
4°   —   à la brèche du mur (pierre pour le perré) 100   00
5°   —   à la brèche des Trois-OEufs de 80 à 100 pour le perré. 100   00
6°   —   à 50ᵐ en amont de cette brèche, pour le perré........ 20   00
7°   —   la pierre nécessaire pour le perré de la Gautrais....... »   »
8°   —   sur la levée de la Jamétrie ou de Serrant 400ᵐ de pierre de la Grande-Roche de Savennières.

Dressé par M. l'ingénieur Delannoi, le 9 décembre 1835.

PIÈCE N° 3.

Angers, le 26 août 1836.

A Monsieur Tardif, entrepreneur.

Monsieur,

J'arrive des digues de Savennières ; vous avez encore 60,000 francs à dépenser, et vous ne dépensez que 100 francs par jour. J'ai l'honneur de vous prévenir que je demande votre mise en demeure de consommer 700 francs par jour, et l'autorisation d'installer une régie à vos frais si, au 1ᵉʳ septembre, vos mesures n'étaient pas prises. J'ai été bien étonné de ne pas trouver vos enrochements commencés. Je m'attendais au contraire à les voir très avancés. Comment pouvez-vous négliger le moment des basses eaux pour un ouvrage où vous seriez gêné s'il y avait seulement 0,50ᶜ sur l'étiage ? J'ai été péniblement surpris de voir l'atelier si négligemment conduit.

J'ai l'honneur d'être.

Signé, DUFFAUD.

PIÈCE No 4.

Angers, 27 août 1836.

A Monsieur Duffaud, ingénieur ordinaire.

Monsieur ,

Comme j'ai eu l'honneur de vous le dire , il y a trois semaines environ , sur l'atelier de la lacune près la Jamétrie, vous me trouverez toujours disposé et prêt à faire tout ce qui dépendra de moi pour remplir les ordres de service qui me seront donnés pour arriver à l'exécution des conditions de mon marché ; et aussitôt que vous m'aurez adressé des ordres, *par écrit,* afin que je puisse, en temps convenable, dresser mes réclamations et faire mes réserves, s'il y a lieu, je m'empresserai de mettre la main à l'œuvre, et ne reculerai devant aucun sacrifice pour arriver au but que je me propose, *bien faire, et faire promptement.*

Si l'état indicatif qui, *d'après le devis,* devait m'être remis dans le mois de janvier , *d'après M. l'ingénieur en chef* (lettre du 26 avril 1836), dans les premiers jours de mai, *d'après vous-même,* Monsieur , dans le courant de juin dernier ; si , dis-je , cet état, pour moi de la plus haute importance, et que j'ai vainement attendu jusqu'à ce jour, m'avait été adressé , même après votre dernière visite, vous n'auriez point aujourd'hui le motif sur lequel vous avez cru devoir vous appuyer pour vous plaindre de la négligence que, suivant vous, je mets dans l'exécution de mes travaux ; de mon côté, Monsieur, je ne serais point obligé, tout en rejettant cette inculpation de négligence que peut facilement détruire un état de situation *exactement dressé,* de vous prier d'observer que vous n'avez point encore rempli envers moi les conditions qui vous sont imposées par le devis.

J'ai l'honneur d'être ,

Signé , Tardif-Desvaux.

PIÈCE No 5.

Ingrandes, 26 octobre 1836.

A Monsieur Tardif, entrepreneur.

Monsieur ,

Vous n'avez pas exactement suivi , aux levées de Savennières, le tracé que j'ai fait moi-même avec vous ; la portion de perré montée à la hauteur de la levée est en ligne droite ; or , depuis le commencement de la grande courbe de 50 mètres de tangente, il n'y a aucune partie droite jusqu'aux perrés de Serrant.

Je ne sais si l'erreur vient d'une réduction dans la longueur de la tangente de la grande courbe, ou si la courbe suivante est réduite à peu près à rien ; comme vous n'avez pas observé l'invitation que je vous avais faite de laisser toujours une balise fixe aux sommets d'angles, je n'ai pu vérifier où est la faute ; ce qu'il y a de malheureusement certain, c'est qu'elle existe ; il ne m'est pas prouvé que les conséquences de cette erreur doivent être à la charge de l'état.

J'ai l'honneur d'être ,

Signé , Duffaud.

PIÈCE N° 6.

Angers, 30 octobre 1836.

A Monsieur Duffaud, ingénieur ordinaire.

Monsieur,

Dans la lettre que vous m'avez écrite d'Ingrandes, sous la date du 26 octobre, lettre que je viens de trouver à mon retour à la ville, vous m'imputez, premièrement, de n'avoir pas exactement suivi, aux levées de Savennières, le tracé d'une courbe que vous dites avoir fait vous-même avec moi; secondement de n'avoir pas observé l'invitation que vous m'avez faite de laisser toujours une balise fixe aux sommets d'angles, ce qui vous a mis dans l'impossibilité de vérifier où est l'erreur; vous ajoutez néanmoins que l'erreur existe certainement, et qu'il ne vous est pas prouvé que les conséquences en doivent demeurer à la charge de l'état.

Je n'éprouve pas, Monsieur, le moindre besoin de me disculper, car je serais coupable ou de négligence ou de mauvaise volonté si vos reproches étaient fondés, et la conduite que j'ai tenue jusqu'à ce jour avec vous, la bonne exécution de mes travaux, me mettent à l'abri d'une pareille imputation, mais je sens le besoin de vous exprimer combien il m'est pénible de recevoir des reproches que je n'ai point mérités, et combien je me trouve heureux de pouvoir vous les retourner.

Je n'hésite donc point à vous dire que j'ai suivi *très exactement* le tracé que *vous*, *avec M. Hardouin*, avez fait sur les digues, et que ce tracé a été scrupuleusement observé jusqu'à l'époque de la dernière crue des eaux de la Loire. J'en appelle à deux cents ouvriers, aux voituriers qui ont travaillé aux remblais, passibles chacun d'une amende de 25 centimes chaque fois qu'un piquet était dérangé par faute de précautions; j'en appelle au chef d'atelier, Verdon, dont la seule occupation a été de veiller à la conservation de ce tracé, ce qu'il a toujours fait avec soin et la plus grande exactitude; j'en appelle au conducteur, M. Hardouin, qui est journellement sur les lieux et qui, sur ma demande, et comme ayant par devers lui la cote des flèches, a plusieurs fois vérifié et rectifié le tracé des courbes, notamment encore, quelques jours avant la dernière crue de la Loire.

M. Hardouin peut vous attester aussi que pour la rectification d'une très faible erreur commise en mon absence dans la courbe de la Jamétrie, je n'ai pas balancé à faire démolir, il y a six semaines environ, une grande partie du perré fait alors, quoique cette démolition m'occasionnât une perte réelle de plus de 800 francs.

J'en appelle à vous-même, Monsieur, qui, peu de jours avant la dernière crue, avez visité mon atelier, et n'avez pu trouver, alors, aucun motif pour m'adresser des reproches.

S'il existe une erreur, elle ne peut m'être imputée; elle ne pourrait provenir d'ailleurs que du terrassement opéré tout récemment par les eaux : je me sers du *si* conditionnel, parce que j'étais le 25 sur l'atelier et que je n'ai vu *ni erreur, ni ligne droite* dans la partie de courbe que vous me signalez.

J'aurais été à même de vérifier ce fait avec vous le 26, si j'avais été prévenu de votre arrivée, car je n'ai quitté l'atelier, le 25, que dans le but d'aller vous prier d'y venir faire une visite afin de constater vous-même les dégâts occasionnés par les eaux.

Je n'ai point la pensée de me disculper, comme j'ai eu l'honneur de vous le dire, Monsieur, encore moins celle de me mettre à l'abri de conséquences d'une erreur qui n'existe pas, ou qui n'est pas la mienne, et si je suis entré dans tant de détails, ce n'a été que pour m'éviter à l'avenir des reproches immérités, et vous rappeler aux preuves convaincantes de mes bonnes intentions.

Je ne demande pas, Monsieur, qu'il me soit tenu compte de ces bonnes intentions, car elles ne seraient plus méritoires, je ne demande que la justice, toute la justice.

J'ai compté entièrement sur la vôtre, quand, sur une simple *invitation verbale* et sans être *nanti d'un état indicatif* (car celui que vous m'avez adressé le 6 septembre ne peut être considéré comme tel, puisqu'il ne donne ni le cube de remblais à faire, ni celui des approvisionnements, et qu'il ne fixe point les prix définitifs), j'ai fait exécuter des travaux qui ne peuvent manquer d'avoir gravement compromis mes intérêts pécuniaires, et que vous avez ordonnés contrairement au mode d'exécution adopté jusqu'alors, et vu l'époque, contrairement au devis.

Quoique vous m'en ayez dit, il y a une quinzaine de jours environ, *je n'attendrai point la fin des travaux pour savoir si j'éprouve perte ou bénéfice* ; ce mode de gestion dans mes affaires ne saurait me convenir ; je vous prie en conséquence, Monsieur, de vouloir bien me consacrer quelques instants, afin d'établir des sous-détails supplémentaires pour les travaux et fournitures dont les prix ne sont pas encore arrêtés, savoir :

1° *Celui du transport de remblais pour rechargements près de Laleu.*

2° *Celui de la démolition et reconstruction avec cendres de chaux du pavage de diverses rampes.*

3° *Celui du dragage des déblais, pour établir la base des perrés et le lit des enrochements.*

4° *Celui du transport de ces déblais, à 60 mètres au moins, en montant une rampe de 5 mètres 73 centimètres.*

5° *Celui du transport en bateau du sable pris sur les grèves ;*

6° *Enfin, le chiffre de l'indemnité que vous avez l'intention de demander qu'il me soit alloué pour le déplacement, le transport et le déchet de la pierre qui était approvisionnée sur les parties que vous avez portées à déblayer.*

Il est indispensablement nécessaire, Monsieur, que ces prix soient *définitivement* arrêtés entre nous afin que vous puissiez faire un état exact de la situation de mes travaux, état à défaut duquel je n'ai pu, jusqu'à ce jour, savoir d'où j'en suis dans mon entreprise.

J'ai l'honneur d'être,

Signé, TARDIF-DESVAUX.

PIÈCE N° 7.

Montjean, 24 avril 1837.

A Monsieur Duffaud, ingénieur ordinaire.

Monsieur,

Le besoin de fonds où je me trouve, pour le 23 de ce mois, *et le défaut de mise en demeure* pour le commencement de cette campagne, me déterminent de vous envoyer mon chef d'atelier, par l'entremise duquel je vous prie de m'adresser, si vous l'avez fait, l'état d'avancement de mes travaux et la situation des dépenses, au 30 mai 1837, époque de votre visite et de celle de M. l'ingénieur en chef sur les digues. — Rectification faite des prix mentionnés dans ma lettre du 30 octobre 1836, et le rabais déduit, il m'est dû de 24 à 26 mille francs.

Si vous n'avez pu encore, Monsieur, vous occuper de faire mon décompte, je vous serai obligé de m'adresser un certificat qui puisse me mettre à même de demander à M. l'ingénieur en chef quelques milliers de francs dont j'ai besoin pour le susdit jour 23 du courant.

L'état des eaux de la Loire va bientôt permettre de reprendre la reconstruction des perrés de la Jamétric, et il serait convenable d'exécuter immédiatement les travaux préparatoires pour cette construction.

J'attends vos ordres à cet égard, *et pour commencer, j'attendrai la présence du conducteur* qu'il vous conviendra d'envoyer sur l'atelier, soit que les travaux soient exécutés *en régie*, soit qu'ils soient exécutés *sur des prix par assimilation*.

J'ai l'honneur d'être,

Signé, TARDIF-DESVAUX.

PIÈCE N° 8.

Angers, 20 juin 1837.

A Monsieur Tardif, entrepreneur.

Monsieur,

La saison est favorable pour le travail des perrés de la Jamétrie. Je vous recommande instamment de les commencer sans délai; il serait à désirer que vous pussiez avoir cinquante perrayeurs sur cet atelier, pour le terminer dans la campagne. Vous aurez incessamment le plan et les profils de la Boire aux Donneaux, et je vous inviterai à presser aussi cette partie de vos ouvrages. La somme que vous avez à dépenser dans la campagne est considérable. Veuillez faire toutes dispositions pour qu'elle le soit en temps opportun.

J'ai l'honneur, d'être,

Signé, DUFFAUD.

PIÈCE N° 9.

NUMÉROS.	TABLEAU COMPARATIF DES PRIX.	PROPOSÉ par M. DUFFAUD.	DEMANDÉ par L'ENTREPRENEUR.	PROPOSÉ par M. l'ingén. en chef Pons. APPROUVÉ Par M. le Préfet,
1°	Pour chaque déplacement de pierre à 40ᵐ de distance, non compris le déchet	0 22	0 22	0 22
2°	Transport d'un mètre cube de terre, par rampe de plus de sept centimètres	0 35	1/3 en plus	1/3 en plus
3°	Prix d'un mètre cube de draguage, sans fascines, ni machines	0 38	2 00	0 87
4°	Prix d'un mètre cube de sable pris sur les grèves	0 70	2 00	1 21
5°	Transport en bateau à 200ᵐ, de la pierre approvisionnée sur les déblais	0 22	0 76	0 68
6°	Déchet pour chaque déplacement de pierre	1/40	1/40	1/40
7°	Pour le transport des terres de rechargement près de Laleu	0 63	3 61	3 61
8°	Démolition et reconstruction (sans fourniture), d'un mètre carré de perré	0 62	0 87	0 78
9°	Prix du mètre cube de cendre de chaux, à la Jamétrie	0 97	14 88	14 06
10°	Pour indemnité de fouilles dans le pâtis Saulai-Courtin	0 00	0 50	0 50

PIÈCE N° 10.

Angers, 2 août 1837.

A Monsieur Duffaud, ingénieur ordinaire.

Monsieur,

En conséquence de l'invitation que vous m'avez faite, par écrit, le 27 juillet dernier, je me suis présenté aujourd'hui, à deux heures, à votre bureau, où, sur ma demande, il m'a été communiqué l'état de situation des travaux exécutés en 1836, sur les digues de Savennières.

Cet état, Monsieur, ne comprenant qu'une partie des travaux que j'ai fait exécuter me parait inexact; je vous adresse, en conséquence, par écrit, le refus que je fais de le signer pour acceptation, et je profite de cette circonstance pour vous prévenir que je ne signerai aucune pièce relative à la comptabilité de mon atelier avant que vous ayez *exactement* constaté à M. l'ingénieur en chef l'état d'avancement de tous les travaux que j'ai faits jusqu'au 4 juin dernier, avec l'application des prix portés dans les nouveaux sous-détails supplémentaires n°s 12, 13, 14, 15, 16, 17, 18 et 19, que j'ai tous acceptés.

Il restera encore à constater les travaux faits dans cette campagne, travaux qui ont commencé le 12 du même mois, jour où vous m'avez mis en demeure pour la campagne 1837.

Je motiverai, s'il devient nécessaire, près de l'administration, le refus que vous m'obligez de vous adresser aujourd'hui.

J'ai l'honneur d'être,

Signé, TARDIF-DESVAUX.

PIÈCE N° 11.

Angers, 2 août 1847.

A Monsieur l'ingénieur en chef.

Monsieur,

J'ai l'honneur de vous adresser, ci-joint, copie de la lettre que je viens d'écrire à M. l'ingénieur de l'arrondissement du nord.

Je me reporte, pour la comptabilité de mes travaux, au décompte que je vous ai adressé le 28 juin dernier, sauf rectification des prix par rapport aux nouveaux sous-détails, ou à celui compris dans la deuxième partie du tableau que je vous ai remis le 20 juillet dernier, où l'application en est faite.

Je fais près de vous, M. l'ingénieur en chef, *toutes réserves* au sujet de ce décompte, déclarant *inexacts* tous ceux qui vous seraient transmis n'arrivant pas au même chiffre de dépenses.

Je suis respectueusement,

Signé, TARDIF-DESVAUX.

PIÈCE N° 12

Montjean, 29 novembre 1837.

Monsieur le Préfet,

La carrière de la Grande-Roche de Savennières où, d'après une clause de mon adjudication, je dois extraire les matériaux nécessaires à la confection du perré des digues, ne pouvant fournir, en raison du mauvais état où je la trouvai alors, la quantité de matériaux déterminée aux états indicatifs de 1835 et 1836, je n'ai point hésité, dans le but de remplir honorablement les conditions de mon marché, à faire un déboursé considérable tant pour exploiter cette carrière sur une plus grande échelle, que pour en acheter une deuxième, voisine de cette première, et qui était alors en bonne exploitation.

Ces deux carrières, en raison de la quantité énorme de moellon impropre aux perrés qu'elles fournissaient étant encore insuffisantes pour satisfaire à la demande de pierre augmentée par l'état indicatif pour 1837, j'ai été contraint d'en ouvrir une troisième dans laquelle j'ai dépensé beaucoup d'argent, et que j'ai été forcé d'abandonner bientôt, en raison de ses mauvaises productions.

Toutes mes opérations m'ont trompé dans leurs résultats, et j'en suis réduit aujourd'hui, Monsieur le Préfet, à ne pouvoir, par l'état de situation des carrières, satisfaire à la fourniture des matériaux qui me sont demandés.

Il y a ici un cas de *force majeure* à l'abri de laquelle je crois devoir me retrancher en attendant qu'il vous plaise de prononcer sur la demande que j'ai l'honneur de vous adresser aujourd'hui, tendant à obtenir une indemnité :

1° Pour la perte énorme que j'ai éprouvée dans l'exploitation de deux carrières qui me fournissent 1/20 à peine de pierres propres à la construction du perré ;

2° Pour la perte énorme que m'a occasionnée l'ouverture d'une troisième carrière que j'ai été forcé d'abandonner ;

3° Enfin, pour la dépense considérable qu'occasionneront les travaux qui doivent être faits pour rendre les deux premières carrières dans un état d'exploitation tel, qu'il me soit possible de satisfaire aux demandes de MM. les ingénieurs.

Je vous prie, Monsieur le Préfet, de vouloir bien ordonner une visite sur les lieux, dans le plus bref délai. Il y va de l'intérêt des travaux, que chaque jour de retard peut compromettre ; il y va de mes intérêts aussi, sur lesquels je vous prie, Monsieur le Préfet, de vouloir bien jeter un regard de bienveillance.

Agréez, je vous prie, Monsieur le Préfet, l'hommage du profond respect avec lequel

j'ai l'honneur d'être,

Signé, TARDIF-DESVAUX.

PIÈCE N° 13.

RAPPORT de M. l'ingénieur en chef Prus, sur l'état de la carrière de la Grande-Roche de Savennières.

Nous avons accompagné de M. Duffaud, visité le 14 décembre dernier, la carrière de la Grande-Roche, en présence du sieur Tardif, entrepreneur, et nous avons reconnu que l'extraction des matériaux propres aux perrés des digues de Savennières exigeait des travaux préparatoires considérables.

En ce qui concerne les exploitations faites, l'entrepreneur nous a déclaré que les

4337ᵐ de déchet correspondaient aux 837ᵐ 92ᶜ cubes de pierre fournis depuis le mois de juillet 1837, ce qui produit 5ᵐ 44ᶜ de déchet pour un mètre de bonne pierre, et que les déchets précédents ont été enlevés au fur et à mesure des extractions. Il nous a été impossible de constater l'exactitude de cette déclaration.

Le sieur Tardif invoque en sa faveur l'article 26 des clauses et conditions générales du 25 août 1833, relatif aux cas de force majeure ; cet article est ainsi conçu :

« Il ne sera alloué à l'entrepreneur aucune indemnité en raison de pertes, avaries ou dommages occasionnés par imprévoyance, défaut de moyens ou fausses manœuvres. Ne sont pas compris, toutefois, dans la présente disposition, les cas de force majeure qui, dans le délai de 10 jours au plus après l'événement, auraient été signalés par l'entrepreneur : dans ce cas, néanmoins, il ne peut être rien alloué qu'avec l'approbation de l'administration ; passé le délai de 10 jours, l'entrepreneur ne sera plus admis à réclamer. »

Nous ne pensons pas que les difficultés d'extraction présentées par la carrière de la Grande-Roche, constituent l'un des cas de force majeure prévus par l'article 26, car il n'y a pas ici d'événement instantané à dater duquel on puisse compter un délai de dix jours.

Tout en reconnaissant que la carrière de la Grande-Roche présente des difficultés et des frais d'exploitation extraordinaires et imprévus à l'époque de l'adjudication, l'administration peut d'autant moins entrer en participation de ces frais, que l'entreprise se compose d'autres ouvrages que les perrés.

Pour diminuer les pertes de l'entrepreneur, nous l'avons autorisé à employer en enrochements toutes les pierres moellonneuses d'une quantité équivalente au moellon de Montjean. Mais ce n'est qu'une faible partie des déchets, et le reste est à peu près sans valeur.

Nous proposons d'accorder la même autorisation pour les produits des exploitations ultérieures.

En résumé, nous sommes d'avis :

1° Qu'il n'est pas dû d'indemnité à l'entrepreneur pour les déchets considérables résultant de l'exploitation faite jusqu'à ce jour de la carrière de la Grande-Roche et des travaux extraordinaires à exécuter pour la mettre en état de fournir des matériaux propres à la confection des perrés des digues de Savennières.

2° Qu'il y a lieu de l'autoriser à employer aux enrochements, les pierres moellonneuses d'une qualité équivalente à celle des moellons de Montjean, les prix du transport étant réglés en raison de la distance, et le mètre cube de cette pierre ne pouvant coûter plus cher sur aucuns points que celui de Montjean.

3° Qu'il sera utile de constater, à l'avenir, contradictoirement tous les mois, la quantité et la nature des déchets provenant de l'exploitation de la carrière de la Grande-Roche, afin de recueillir des renseignements certains pour le cas où l'adjudicataire croirait devoir présenter, à l'expiration de son marché, une demande d'indemnité à M. le directeur-général.

Angers, le 15 février 1838.

Signé. Prus.

PIÈCE Nᵒ 14.

Angers, 13 mai 1838.

Monsieur le Préfet,

J'ai attendu jusqu'à ce jour à vous soumettre mes réclamations au sujet des rapports de M. Duffaud et de M. l'ingénieur en chef, Prus, concernant la carrière de la Grande-Roche de Savennières, rapports que vous avez bien voulu me donner en communication par votre lettre du 15 mars dernier, parce que j'espérais une exploitation plus facile et plus avantageuse dans le seul banc de pierre qui me restait découvert dans cette carrière, et que d'ailleurs, je voulais recueillir des données positives pour appuyer dans ma réponse la demande en indemnité que j'ai eu l'honneur de vous adresser.

Il est résulté de cette dernière exploitation, Monsieur le Préfet, une perte énorme pour moi, perte, dont je me propose de mettre le chiffre sous vos yeux, et la carrière se trouve en ce moment hors d'état de fournir les moellons propres à la confection des perrés qui me sont demandés, ou pour mieux dire, la carrière est entièrement épuisée.

Ces deux circonstances, la dernière surtout, les changements apportés par M. Duffaud au mode d'exécution des travaux dont j'étais adjudicataire avant son arrivée en Maine et Loire, changements susceptibles d'augmenter de 2 ou 300 mille francs le chiffre de mon adjudication, et qui dénaturent en entier ma position d'entrepreneur, les difficultés incessantes qu'il a fait naître pendant les deux campagnes précédentes, difficultés pour la plupart, il est vrai, réglées grâce aux lumières et à la justice de M. l'ingénieur en chef, celle qu'il élève en ce moment encore, m'ont fait prendre le parti de suspendre mes travaux le 12 du courant.

J'ai l'honneur de vous en informer, Monsieur le Préfet, et vous prie de vouloir bien ordonner qu'ils soient repris à compter de ce jour, et continués en régie aux frais de l'état, jusqu'à ce qu'il soit statué par vous et le conseil que vous présidez, sur les réclamations et demandes motivées que je me propose de vous adresser.

Je me repose sur votre justice, Monsieur le Préfet, et vous prie de vouloir bien agréer l'hommage du profond respect avec lequel j'ai l'honneur d'être,

Signé, Tardif-Desvaux.

PIÈCE N° 15.

Angers, 16 juillet 1838.

Monsieur le Préfet,

L'arrêté de mise en demeure que vous avez pris le 25 juin dernier, et qui m'a été remis le 5 juillet présent mois, porte : « *Qu'il n'y a pas lieu de prononcer la résiliation au compte de l'état, des travaux de construction des digues de Savennières qui m'ont été adjugés le 27 septembre 1835, résiliation que je demandais*, dit le même arrêté, *dans ma lettre du 13 mai 1838.* »

Je suis on ne peut plus surpris, Monsieur le Préfet, de me voir notifier un arrêté pris pour me refuser une résiliation que je n'ai jamais eu la pensée de solliciter quand j'ai eu l'honneur de vous écrire ma lettre du 13 mai précité, lettre dont je vous adresse copie.

Dans cette lettre, j'ai voulu protester contre la décision prise par MM. les ingénieurs les 13 janvier et 15 février 1838, contrairement à la demande d'indemnité que je vous avais adressée pour l'exploitation des carrières de la Grande-Roche de Savennières.

J'ai voulu protester contre la possibilité d'exécuter les travaux qui m'étaient ordonnés, et forcer MM. les ingénieurs à reconnaître, *les travaux étant exécutés en régie*, un cas de force majeure dont ils désavouaient l'existence.

J'ai voulu protester contre le mode d'administration de M. l'ingénieur Duffaud, et me plaindre des difficultés dont il n'a cessé depuis plusieurs campagnes d'entraver la marche de mes travaux.

Dans cette même lettre, je me suis engagé à vous faire connaître sous peu les motifs de mes plaintes et justifier mes réclamations ; mais, affligé d'une *sciatique* qui vient périodiquement, depuis trois années, m'atteindre à pareille époque, je n'ai pu jusqu'à ce jour remplir ma promesse.

Je m'engage de nouveau, aujourd'hui, Monsieur le Préfet, à vous transmettre, si vous le jugez nécessaire, *et aussitôt qu'il vous plaira de l'ordonner*, l'exposé de ces motifs ;

et tout en vous priant de vouloir bien ordonner la mise en régie immédiate que j'ai sollicitée près de vous le 13 mai ; je proteste de toutes mes forces contre l'application, à mes frais, de cette régie, et je fais ici la déclaration que j'appellerai du dispositif de votre arrêté, si votre décision est contraire à ma demande.

Je fais en même temps réserve de tous mes droits, en ce qui concerne la demande en résiliation que je croirais devoir faire par suite, ou la demande en indemnité pour les pertes que pourrait m'occasionner la régie, si, contre mon attente, elle vient à être organisée à mes frais.

Afin que je puisse statuer sur les réclamations que je dois faire, je désire connaître si l'on a eu égard, dans l'état d'avancement des travaux au 30 avril, aux réclamations que j'ai faites vainement plusieurs fois avant ce jour ; je vous prie en conséquence, Monsieur le Préfet, de vouloir bien ordonner que cet état soit immédiatement adressé à M. l'ingénieur en chef, et qu'immédiatement aussi, *il soit fait un inventaire estimatif du mobilier garnissant les digues de Savennières, par l'expert qu'il vous plaira de désigner à cet effet.*

J'attends votre décision, Monsieur le Préfet, pour adresser mes réclamations à M. le directeur général, ainsi que l'exposé motivé de mes plaintes.

J'ai l'honneur d'être, avec le plus profond respect,

Monsieur le Préfet,

Signé, TARDIF-DESVAUX.

PIÉCE N° 16.

Angers, 14 août 1838.

A Monsieur Duffaud, ingénieur ordinaire.

Monsieur,

En parcourant le 4 de ce mois, l'état de situation que vous avez dressé, pour constater les travaux que j'ai exécutés sur les digues de Savennières, pendant la campagne 1837, j'ai remarqué ;

1° Que le prix 3 fr. 59 c., que vous avez porté par mètre carré de pavage en relevé à bout, avec cendre de chaux, est trop faible pour que je puisse l'accepter ; les éléments de ce prix me sont encore inconnus, malgré la demande que je vous en ai faite dans ma lettre du 30 octobre 1837, et je ne peux croire qu'il résulte des sous-détails de mon adjudication : ce prix d'ailleurs, ne peut-être le même pour l'atelier de la Croix-Verte, celui de la boire Guiard et celui de la Jamétrie ; il doit être réglé conformément à la note du sous-détail n° 3. Je crois avoir droit pour la rampe de la Croix-Verte, à 8 fr. 29 c. par mètre carré, pour la rampe de la boire Guiard, à 8 fr. 34 c. ; et pour celle de la Jamétrie, le pavé compris, à 9 fr. 2 c.

2° Que vous avez omis de me porter en compte l'emmètrage de 1298ᵐ cubes, de terres mises en rechargement entre Laleu et la Quélerie, pour lequel emmètrage je crois avoir droit à raison de 0 fr. 15 c. l'un, à 194 fr. 70 c.

3° Que vous avez porté (atelier de la boire aux Donneaux), 1170ᵐ cubes de remblais, qui n'ont pas été faits en 1837, et qu'il s'est d'ailleurs glissé une erreur notable dans le prix des remblais *des grèves* ; vous avez porté pour 170ᵐ, à 1 fr. 21 c. — 3,630 fr., tandis que ce cube à 1 fr. 21 c., ne donne que 205 fr. 70 c. Différence 3,424 fr. 20 c.

4° Que vous n'avez point eu égard à la réclamation que j'ai eu l'honneur de vous adresser plusieurs fois, contre l'application du prix porté au sous-détail n° 15, pour le déplacement des pierres mises par la régie, en 1836, sur les remblais de la Jamétrie, et le retroussement des sables descendus sur les enrochements. Ces prix, d'ailleurs, même dans une circonstance ordinaire, ne seraient pas ceux que vous avez portés 0 fr. 22 c., pour le déplacement de la pierre, et 0 fr. 46 c. pour le retroussement du sable ; ils seraient, je pense, en conséquence des sous-détails supplémentaires approuvés, 0 fr. 60 c. pour la pierre, et 0 fr. 78 c. pour le sable.

5° Que vous avez omis de me tenir compte, 1° du déplacement et transport à 200^m de distance de 474^m cubes de pierre, ainsi que du déchet : je réclame pour ce travail, que vous trouverez constaté dans tous vos états mensuels, pour le déplacement de la pierre à 0 fr. 68 c., 322 fr. 32 c., et pour le déchet, sur 300^m cubes seulement de pierre de la Grande-Roche, 7^m 50^c cubes à 6 fr. 59 c., 49 fr. 57 c., en tout 371 fr. 89 c. ; 2° du déplacement et transport en bateau, de 104^m cubes de moellon de Montjean, à 320^m de distance en descendant, à raison de 0 fr. 70 c. l'un, ci 224 fr. ; 3° du déplacement et transport en bateau également de 120^m cubes de pierre de la Grande-Roche, à une distance en descendant de 130^m, à raison de 0 fr. 73 c. l'un, 87 fr. 60 c., et pour le déchet, 3^m cubes, à 6 fr. 59 c., 19 fr. 77 c., en tout 107 fr. 37 c.

6° Que nous ne sommes pas d'accord sur le cube des remblais faits à la Jamétrie ; les prix d'ailleurs, que vous avez portés, ne me paraissent par résulter de mes sous-détails.

7° Qu'il s'est glissé plusieurs erreurs dans la colonne des prix ; pour 1408^m de remblais, à 1 fr. 21 c., il a été porté 1.815 fr., au lieu de 1,073 fr. 68 c., pour 2303^m 34^c de pierre, à 6 fr. 59 c., il a été porté 15,165 fr. 53 c., au lieu de 15,179 fr. 01 c.

Je me suis arrêté, Monsieur, à ces vérifications, ayant déjà trouvé trop d'erreurs et de différence dans votre décompte pour qu'il me fût possible de le signer pour acceptation. Je le signerai néanmoins, tel qu'il est, si vous le désirez ; mais alors, j'établirai mes réserves au sujet des articles ci-dessus mentionnés, ou, je le signerai sans aucunes réserves, si vous avez la bonté de les recevoir, et de me permettre de les établir dans le dernier état rédigé d'après vos ordres, le 30 avril dernier, par M. Lecomte, état, dont je vous prierai de m'adresser une copie et que je vous retournerai au plustôt.

J'ai l'honneur d'être,

Signé, Tardif-Desvaux.

PIÈCE N° 47.

Angers, 19 septembre 1838.

Monsieur l'ingénieur en chef,

L'état des travaux exécutés et dépensés que j'ai faites sur les digues de Savennières, depuis le 8 septembre 1835, jusqu'à la prise en possession de l'atelier par la régie, m'a été remis le 13 du courant par M. l'ingénieur de l'arrondissement du Sud, avec un état ou inventaire du matériel qui m'appartient sur les digues. Ne pouvant signer pour acceptation ces deux pièces, car elle ne sont pas exactes, et voulant, *au besoin*, me mettre à l'abri de l'application de l'article 32 des conditions générales, en ce qui concerne le délai accordé aux entrepreneurs, pour déduire leurs motifs de non acception, et quoique encore mes réserves aient déjà été faites au sujet du décompte de situation définitive pour 1837, dans ma lettre du 14 août 1838, à M. l'ingénieur de l'arrondissement du Nord ; je m'empresse de vous en réitérer aujourd'hui l'expression, vous priant d'observer en raison des retards que je pourrai apporter à la déduction des motifs de mes réclamations, que cette déduction est subordonnée à des vérifications qu'il m'est impossible de faire, immédiatement, à défaut de pièces dont je vous prie de vouloir bien ordonner qu'il me soit fait communication (article 32).

Ces pièces sont :

1° Le nivellement rectifié et le tableau des terrassements pour l'atelier de la Jamétrie,

2° Les états de décompte mensuels depuis et y compris celui dressé le 4 juin 1837 , jusqu'au 13 mai dernier ;

3° L'état des approvisionnements de matériaux inscrits sur le registre de l'administration, pour l'atelier de l'Oie-Pelée , depuis le 4 juin 1837, jusqu'au 13 mai pareillement ;

4° Le nivellement rectifié aussi, et le calcul des terrassements pour l'atelier de la boire aux Donneaux ;

5° Enfin, les sous-détails supplémentaires qu'on a pu faire , pour composer des prix portés dans l'état de décompte qu'on ma communiqué , et dont les éléments me sont tout à fait inconnus.

Je ne me permettrai aucune réflexion au sujet de l'inventaire du matériel qui m'appartient, et qu'on ma adressé aussi comme j'ai eu l'honneur de vous le dire, je me contenterai de vous prier, d'appuyer auprès de M. le Préfet, la demande que je lui ai adressée le 16 juillet dernier, tendant à ce qu'il lui plaise de déléguer un expert pour procéder à un inventaire *exact* et *régulier* de tout le matériel que je puis avoir sur les digues de Savennières.

J'ai l'honneur d'être avec un profond respect,

Signé, TARDIF-DESVAUX.

PIÈCE N° 48.

Angers , 4 septembre 1839.

A Monsieur Debormans , ingénieur ordinaire.

Monsieur ,

J'ai répondu le 30 août, à l'invitation que vous m'avez faite dans votre lettre que j'ai reçue par la poste, le 24 au soir, d'aller prendre en votre bureau, communication du décompte des travaux exécutés aux digues de Savennières, pendant la campagne 1838.

J'ai été on ne peut plus surpris en lisant le chiffre 86,539 fr. 33 c., que vous avez porté pour tous les travaux exécutés par l'entrepreneur, depuis le 8 septembre 1835 , époque de l'adjudication , jusqu'au 13 mai 1838 , époque de la mise en régie.

Ce chiffre résulte, m'avez vous dit , Monsieur, du montant :	
1° De la dépense faite, suivant l'article 55 de l'état de situation définitive, pour la campagne 1837 , portée à...............	85,947 21
2° Des travaux exécutés par l'entrepreneur en 1838 , déduction faite du rabais, portés à..............................	592 12
TOTAL PAREIL.............	86,539 33

Comment se fait il , Monsieur, que vous ayez pu considérer comme exact et irrévocablement arrêté (ce que je suppose , puisque vous venez d'en adopter tout d'abord le chiffre dans votre dernier décompte), le montant de la dépense exécutée en 1837, 85,947 fr. 21 c., quand vous savez, et devez savoir, que j'ai refusé de signer pour acceptation ce décompte , pour les motifs exprimés dans ma lettre du 14 août 1838 , adressée à M. l'ingénieur de l'arrondissement du Nord , qui avait rédigé ce décompte ?

<table>
<tr><td>Comment se fait-il que le chiffre de la dépense totale , faite par l'entrepreneur, jusqu'au jour de la mise en régie (13 mai 1838), ne se trouve plus être aujourd'hui que..................</td><td>86,539 33</td></tr>
<tr><td>Quand vous-même, Monsieur, dans le décompte général que vous avez rédigé , avec les mêmes éléments , en vertu des ordres de M. l'ingénieur en chef, décompte que vous m'avez communiqué le 13 septembre 1838 , et que j'ai en ce moment sous les yeux, vous avez porté ce même chiffre à..............</td><td>89,900 16</td></tr>
<tr><td style="text-align:right">DIFFÉRENCE............</td><td>3,360 83</td></tr>
</table>

Et surtout, quand vous savez que j'ai considéré comme inexact, encore , ce dernier décompte, quoique plus élevé dans son total de 3,360 fr. 83 c., et que j'ai refusé de l'accepter , pour les motifs déduits dans ma lettre du 19 septembre 1838, adressée à M. l'ingénieur en chef.

Je ne me permettrai, Monsieur, quoique ce soit ici leur place, aucunes réflexions au sujet des intentions qui ont présidé à la rédaction de vos deux décomptes, si contradictoires entr'eux , je me contenterai purement et simplement, pour satisfaire à l'article 32 des conditions générales, de vous donner ici, par écrit, le refus positif de signer pour acceptation le décompte que vous m'avez communiqué le 30 août dernier, parce que ce décompte est inexact, et a été rédigé au mépris des réclamations que j'ai adressées tant de fois, notamment à M. l'ingénieur de l'arrondissement du Nord, le 14 août 1838, au sujet du décompte rédigé par lui, pour les travaux de cette campagne , et à M. l'ingénieur en chef, le 19 septembre 1838 , au sujet de votre décompte du 13 septembre de la même année.

Je profite de cette circonstance , Monsieur, pour vous prévenir que si dans un court délai , vous ne faites droit aux réclamations que je vous ai adressées , ainsi qu'à M. l'ingénieur en chef, le 19 septembre dernier , je porterai plainte à M. le directeur général des ponts et chaussées, qui ne refusera pas, j'en suis convaincu , de m'entendre , et trouvera , j'ose l'espérer , que trois années de patience ont bien dû me mériter d'obtenir ce que votre justice n'aurait pas du me faire attendre.

J'ai l'honneur d'être, Monsieur,

Signé, TARDIF DESVAUX.

PIÈCE N° 49.

Angers, le 22 février 1840.

Monsieur le Préfet,

Une affiche que j'ai reçue de la préfecture, m'apprend que vous avez porté au 24 du courant , la réadjudication à ma folle enchère, des travaux restant à faire aux digues de Savenières.

Cette dernière mesure de sévérité provoquée par M. Debormans, sans doute, vient de mettre le comble à ma patience. — Trois années de souffrance , d'ailleurs , sans aucunes plaintes de ma part, et dans l'abandon le plus complet de la part de l'administration ; dix réclamations au moins, motivées, écrites à différentes époques et toutes demeurées sans réponse, doivent m'assurer le droit, j'ose le croire, Monsieur le Préfet, de faire un appel direct à votre justice et à celle de M. l'ingénieur en chef.

Qu'il me soit donc permis de vous exposer mes moyens de défense ! et en attendant que je puisse me justifier près de vous , qu'il me soit permis de protester de nouveau et de toutes mes forces, contre le dispositif de votre arrêté de mise en régie, du 25 juin 1838, et contre celui qui vient d'ordonner la réadjudication à ma folle enchère.

Je me reporte pour mes réserves, à celles que j'ai eu l'honneur de vous adresser dans ma lettre du 16 juillet 1838; et pour qu'il me soit possible enfin, de détailler les motifs de mes réclamations, je vous prie de vouloir bien inviter M. l'ingénieur en chef, à donner *l'ordre formel* à M. Debormans, de me communiquer dans un délai donné, toutes les pièces que j'ai vainement réclamées et attendues jusqu'à ce jour, et sans lesquelles il m'est impossible d'éclairer votre justice comme je me propose de le faire.

Ces pièces sont mentionnées, notamment, dans ma lettre du 19 septembre 1838, à M. l'ingénieur en chef.

Daignez agréer, Monsieur le Préfet, l'hommage de mon profond respect,

Signé, TARDIF-DESVAUX.

PIÈCE Nº 20.

A Monsieur l'ingénieur en chef de Maine et Loire.

Monsieur l'ingénieur en chef,

Pour répondre à la lettre de M. Debormans (mise à la poste le 5 du courant), par laquelle il m'invite à aller examiner à son bureau, l'état de situation des travaux exécutés par la régie, en 1840, et à revêtir cet état de ma signature, et pour satisfaire aussi à l'article 31 des conditions générales imposées aux entrepreneurs des ponts et chaussées; je crois devoir vous écrire, pour vous prévenir que je persiste toujours dans la résolution que je vous ai fait connaître plusieurs fois déjà, notamment, dans les lettres que j'ai eu l'honneur de vous adresser après l'examen des états de situation des années 1838 et 1839, de n'examiner aucun décompte relatif aux travaux exécutés par la régie, et ce, jusqu'à ce qu'il soit statué définitivement et irrévocablement sur la réclamation que j'ai adressée à M. le Préfet, contre la mise en régie, *à mes frais*, des travaux des digues.

En attendant que le mémoire que je dois rédiger pour éclairer la justice de M. le Préfet, et celle de M. le directeur général des ponts et chaussées, vous soit parvenu, je vous prie, Monsieur l'ingénieur en chef, de recevoir la présente lettre comme une nouvelle protestation de ma part contre les mesures coercitives, ordonnées contre moi par l'administration, et *surtout* contre le mode d'exécution des travaux, ruineux dans toute l'acception du mot employé par le régisseur sous les ordres de M. Debormans.

J'ose espérer de votre justice, Monsieur l'ingénieur en chef, que vous ne refuserez pas de joindre copie de ma présente lettre à l'état de situation pour 1840, que vous devez adresser à M. le directeur général.

Agréez, je vous prie, Monsieur l'ingénieur en chef, l'hommage de mon profond respect,

Signé, TARDIF-DESVAUX.

PIÈCE N° 21.

Le Mans, 2 juillet 1842.

A Monsieur le Préfet du département de Maine et Loire.

Monsieur le Préfet ,

L'état de situation générale de mon entreprise au 31 décembre 1840 , rédigé par M. Lemière , ingénieur en chef de la Loire , sur les décomptes dressés par MM. les ingénieurs du service ordinaire de Maine et Loire , m'a été communiqué par l'intermédiaire de M. le maire du Mans , le 25 du courant.

Cet état fait connaître , séparément , le chiffre auquel MM. les ingénieurs ont évalué ;

1° Les travaux que j'ai exécutés avant la régie ;
2° Ceux que la régie aurait exécutés à mes frais ;
3° Ceux , enfin , que les sous-traitants Pellé et Bouvet auraient exécutés à mon compte;

En ce qui concerne les travaux exécutés avant la régie :

Le chiffre de la dépense, pour ces travaux, a été porté à............. 86,539 32

Ce chiffre, Monsieur le Préfet, est inexact , je l'ai repoussé comme tel, Maintes et maintes fois , son inexactitude a été bien et duement reconnue par MM. les ingénieurs; pourquoi donc le reproduisent-ils aujourd'hui ?

A défaut des pièces que j'ai vainement réclamées jusqu'à ce jour, et sans lesquelles il m'est impossible de justifier mon assertion et d'éclairer votre justice sur mes réclamations, je mets sous vos yeux la copie des lettres que j'ai adressées :

1° A M. Duffaud , ingénieur ordinaire , le 14 août 1838 ;
2° A M. l'ingénieur en chef Prus, le 19 septembre 1838.
3° A M. Debormans , l'ingénieur ordinaire , le 4 septembre 1839 ;
4° A vous-même , Monsieur le Préfet , le 22 février 1840

La lettre du 14 août motivera près de vous, le refus que je fis, alors, de signer pour acceptation le décompte que m'avait communiqué M. Duffaud , et qui s'élevait à la somme de 85,947 fr. 21 c.

La lettre du 19 septembre 1838 motivera , près de vous aussi, le refus que j'adressai à M. l'ingénieur en chef, de signer pour acceptation le décompte que, sur la demande que je lui en avais faite, et d'après son ordre, me communiqua M. Debormans, lequel décompte s'élevait à la somme de......................... 89,000 »

Cette lettre vous dira aussi quelles sont les pièces que je demandais en communication.

La lettre du 4 septembre 1839 vous dira, Monsieur le Préfet, pourquoi j'ai refusé de signer le décompte que me présenta , alors , M. l'ingénieur Debormans, lequel décompte s'élevait à la somme de.c............................... 86,539 32

La lettre du 22 février 1840 vous rappellera , Monsieur le Préfet , combien j'ai été pressant pour obtenir la communication des pièces détaillées, dans la lettre précitée du 19 septembre 1838.

Deux autres états que je possède pourront vous prouver, au besoin, le premier à la date du 5 mai 1838, que la dépense évaluée aujourd'hui à 86,539 fr. 32 c. s'élevait alors à... 92,927 »

La deuxième, à la date du 23 avril 1840, que la même dépense , évaluée aujourd'hui à 86,539 fr. 32 c., s'élevait alors à.............................. 89,157 66

Comparant ces divers tableaux comme il suit :

État présenté aujour- jourd'hui, à la date du 13 mars 1842..	86,539 32	86,539 32	86,539 32	86,539 32
État au 5 mai 1838 ..	92,927 68			
DIFFÉRENCE....	6,387 68			
État au 13 septembre 1838.........		89,900 00		
DIFFÉRENCE.....		3,360 68		
État au 23 août 1839			86,539 32	
DIFFÉRENCE.....			0 00	
État du 28 avril 1840				89,157 66
DIFFÉRENCE.....				2,618 34

Vous reconnaîtrez, j'ose l'espérer, Monsieur le Préfet, combien j'étais dans mon droit, et combien j'ai été sage quand j'ai refusé d'accepter le décompte de mes travaux, qui m'a été présenté sous des évaluations si différentes.

Je laisse à votre sagesse à déterminer tout ce qu'il y a d'extraordinaire dans la diffé-rence de ces décomptes, mais j'appelle votre attention sur la marche des évaluations, *qui a toujours été en sens contraire de l'augmentation des travaux.*

Je ne me permettrai, pour le moment, aucune réflexion sur l'esprit qui a présidé à la composition du décompte qui m'est présenté aujourd'hui et dont le chiffre est de 86,539 fr. 32 c.; je ne dirai rien non plus de l'insistance qu'on a mis à me le repro-duire; je me contenterai de vous exposer, Monsieur le Préfet, que ce décompte est inexact, qu'il a été dressé au mépris de mes réserves, contrairement à mes réclama-tions, je dirai plus, j'affirme qu'il eut été repoussé par M. l'ingénieur en chef Prus, lui-même, s'il en avait pris communication, car il est rédigé contrairement à mes droits, au mépris de ses intentions et de ses instructions qui devaient présider à la rédaction de ce décompte. J'offre de prouver le fait.

Il ne me reste plus qu'à vous prier de vouloir bien vous rappeler, Monsieur le Préfet, que j'ai le plus pressant besoin des pièces signalées dans ma lettre du 19 septembre 1838 et à vous prier aussi de vouloir bien inviter M. l'ingénieur en chef à me communiquer immédiatement, s'il est possible, toutes ces pièces, ainsi que la cote des eaux de la Loire depuis le 8 septembre 1835 jusqu'au 13 mai 1838, inclusivement.

En ce qui concerne les travaux de la régie et des sous-traitans :

J'ai refusé, jusqu'à ce jour, de m'occuper des dépenses et travaux exécutés par la régie et les sous-traitants, parce que, fort de mon droit, et plein de confiance en votre justice et celle de M. le directeur général, j'ai dû compter que cette régie, après mon appel, ne pourrait rester à mes frais. C'est dans la même pensée, et pour les mêmes motifs, que j'ai cru ne pas devoir examiner aujourd'hui la deuxième et la troisième partie de l'état de situation générale que j'ai l'honneur de vous retourner. Je vous prie néanmoins, Monsieur le Préfet, de recevoir mes réserves au sujet des pièces de comptabilité relatives aux travaux de ces deux catégories *(lesquelles pièces n'étaient pas jointes au décompte)*, et dont je ne manquerais pas d'avoir besoin, plus tard, si, contre mon attente, les travaux exécutés par la régie et les sous-traitants venaient à demeurer à mon compte.

Daignez agréer, Monsieur le Préfet, l'hommage du profond respect avec lequel j'ai l'honneur d'être,

Signé, Tardif-Desvaux.

PIÈCE N° 22.

Je, soussigné, certifie que mon fourneau de Montjean a cessé de fonctionner en mil huit cent trente-six.

Montjean, le 9 octobre 1844.

Signé, D. Clémenceau.

Vu bon pour légaliser la signature ci-dessus, et certifier, en outre, que ledit fourneau n'a pas chauffé même avant 1836.

Montjean, le 9 octobre 1844.

Signé, D. Ledreton, père,
Adjoint.

PIÈCE N° 23.

Le soussigné, certifie que les terres provenant du déblayement des chantiers, dans la courbe de la Jamétrie, n'étant que du gros sable, et l'emploi du sable sous le perré ayant été interdit à l'entrepreneur, celui-ci n'a pu employer les déblais en remblais dans la partie de la levée qu'il avait réservée, et a été obligé de les transporter : 1° en brouettes, jusque sur le sommet de la levée, en parcourant des rampes de 45, 50 et 80 mètres ; 2° en charrettes, sur divers points, en amont et en aval de la courbe. — 1000^m ont été transportés en tombereau à 186^m 60^c de distance réduite, en aval, et 1000^m à 160^m en amont.

Je certifie, en outre, que l'entrepreneur a déplacé les 1117^m 18^c cubes de pierres qui étaient approvisionnées dans la courbe, du côté du fleuve. 830^m 44^c ont été transportés en bateau, et 286^m 74^c jetés en enrochement dans la courbe même.

A Angers, le 17 octobre 1844.

Le conducteur des ponts et chaussées,

Signé, HUE.

PIÈCE N° 24.

ÉTAT des dépenses exécutées sur les digues de Savennières, depuis le 28 septembre 1835, époque de l'adjudication Tardif-Desvaux jusqu'au 15 juin 1844, époque de l'adjudication Lasne.

IL A ÉTÉ DÉPENSÉ :

1° Par l'entrepreneur Tardif-Desvaux jusqu'au 13 juillet 1838, époque de la mise en régie : (suivant état dressé par M. l'ingénieur Gallois, le 13 mai 1844)				92,520 76	
2° Par la régie jusqu'au 31 juillet 1840 : (suivant l'état de M. Gallois, aussi à la date du 13 mai 1844)				68,533 34	
3° Par les Tâcherons exercices 1840-1841	Suivant état de situation de 1842. Chap. ii.	Courty	40,677 59	65,492 33	
		Pellet et Bouvet	24,814 74		
4° Par les Tâcherons exercice 1842.	Suivant même état, même chap.	Courty	18,800 87	25,571 08	
		Pellé et Bouvet.	6,770 21		
5° Pour indemnités de terrains.	Exercice 1841.... Exercice 1842....	Art. 5 de la s. répartition....	5,153 66 / 140 94	5,294 60	
6° Par les Tâcherons exercice 1843.	Suivant état de situation.	Courty, Boileau, Pellé, etc.....	32,454 62	40,260 04	
		Pour fouilles	6,784 56		
		Pour cession de terrain	1,020 86		
7° Pour défense pendant la crue. Dépenses en régie				11,440 38	
8° Exercice 1844	Pour défense : dépense jusqu'au 15 juin 1544, époque de l'adjudication Lasne.			7,203 08	
	Pour cession de terrains			3,392 41	
			Total au 15 juin 1844	319,708 02	319,708 02
Travaux restant à faire.	Montant de l'adjudication				290,000 00
			TOTAL GÉNÉRAL		609,708 02

Certifié exact et conforme aux états ci-dessus désignés.

A Angers, le 17 octobre 1844.

Pour l'ingénieur ordinaire,

Le conducteur faisant l'intérim,

Signé, HUE.

OBSERVATIONS.

Cubes partiels.
des matières approvisionnées à l'avance.

Certifié exact et conforme au plan
de l'administration.
à Bayonne le 11 ... 1873
L'ingénieur ordinaire
Le Conducteur faisant fonctions
Signé ...

Vu et conforme au plan et meilleure ... et approuvé pour l'exploitation